Helge Kreisköther

Muzio Clementi (1752–1832)
Ein vergessenes Musikgenie

Muzio Clementi

(1752–1832)

Ein vergessenes Musikgenie

Helge Kreisköther
Essen, Januar–Oktober 2009

Re Di Roma-Verlag

Bibliografische Information der Deutschen Nationalbibliothek:
Die Deutsche Nationalbibliothek verzeichnet diese Publikation in der Deutschen Nationalbibliografie; detaillierte bibliografische Daten sind im Internet über http://dnb.ddb.de abrufbar.

ISBN 978-3-86870-126-5

www.rediroma-verlag.de
10,50 Euro (D)

Für
Carmen, Inga, Jonny,
Kathi, Lara und Mischko

Über den Autor

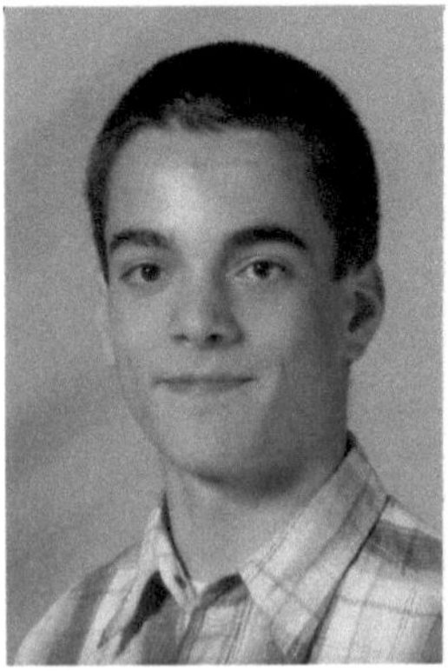

Helge Kreisköther, geboren am 8. August 1994, wohnt in Essen. Seit dem siebten Lebensjahr spielt er Klavier. Seine Lieblingskomponisten sind nach Muzio Clementi, für dessen Renaissance er sich intensiv einsetzt, vor allem Beethoven, Haydn und Wagner; sein Lieblingsbuch ist „Hyperion“ von Friedrich Hölderlin. Später möchte er Musikkritiker werden.

helge.kreiskoether@gmx.de

Inhaltsverzeichnis

Vorwort

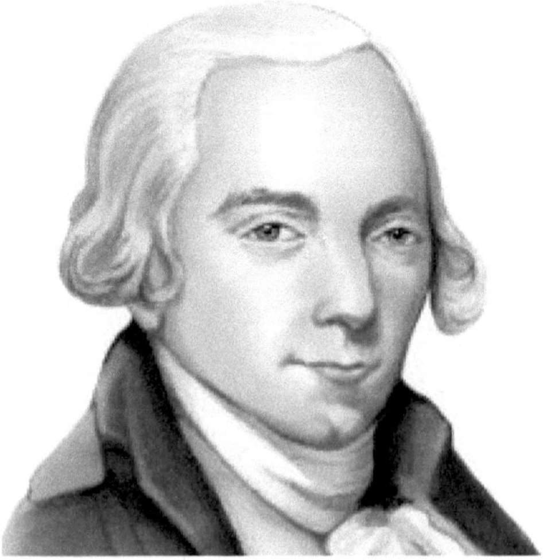

Heutzutage weiß fast niemand, dass Muzio Clementi ein genialer Musiker war. Im Gegenteil: Oft wird er als „seelenloser Etüdenschreiber“ abgestempelt und seine Kompositionen werden mit Ausnahme von Studienzwecken nur noch sehr selten gespielt. Dies ist eine sehr bedauernswerte Tatsache, denn Clementi, der Begründer der modernen Klavierspieltechnik, gehört dank seiner großartigen Werke zu den wichtigsten Komponisten der gesamten Musikgeschichte, was durch die folgenden vier Tatsachen bewiesen wird: Erstens wurde er von Haydn, Beethoven, Schumann und sogar Strawinski verehrt, zweitens hatte er viele Schüler, die selbst bekannte Pianisten wurden und große Komponisten ausbildeten, drittens war sein Haus in London Treffpunkt für zahlreiche bedeutende Musiker aus dem In- und Ausland und viertens wurde er unter großer Anteilnahme in der prächtigen Westminster Abbey beigesetzt.

Clementi, der vier Jahre vor Mozart geboren wurde und fünf Jahre nach Beethoven starb, hatte es im Laufe seines 80-jährigen ereignisreichen Lebens vom römischen Jungen aus bürgerlichen Verhältnissen zu einem der angesehensten Musiker Europas, dem „Orpheus seiner Zeit“, gebracht und war nicht „nur“ Komponist, sondern auch

Dirigent, Klavierbauer, Klavierlehrer, Musikverleger und Pianist. Ferner soll er acht verschiedene Sprachen beherrscht haben (Arabisch, Deutsch, Englisch, Französisch, Italienisch, Russisch, Spanisch und Türkisch).

Das Ziel dieses Buches ist, Clementi wieder bekannt zu machen, vor Augen zu führen, was wirklich hinter dem „klavieristischen Desaster der frühen Schülerjahre" steckt und so zu erreichen, dass dem Italiener auch in unserer Zeit die ihm gebührende Anerkennung zuteil wird: Pianisten, Dirigenten und andere Musiker sollten sich wieder verstärkt den ehrwürdigen Kompositionen des Italieners widmen, sie in Konzerten und Festivals zur Aufführung bringen und auf CD einspielen, ferner sollten Autoren und Musikwissenschaftler allmählich feststellen, dass Clementis Lebensweg mindestens genauso spannend und faszinierend ist wie der des Wunderkindes Mozart oder des Superstars Händel.

Kapitel I: Geburt und Kindheit in Rom

Clementi wurde am 23. Januar 1752 in Rom nahe der Piazza Navona geboren und am folgenden Tag in der Kirche San Lorenzo in Damaso, die sich im Stadtteil Parione befindet, auf die Namen Mutius Philippus Vincentius Franciscus Xaverius getauft. Später gebrauchte er aber immer nur die italienische Variante des ersten Vornamens: Muzio (=der Stille). Seine Eltern waren Niccolò Clementi (1720 bis 1789) und dessen zweite Ehefrau Magdalena Caisar bzw. Kaiser (gestorben 1784), die Deutsche oder Schweizerin war. Der Vater war ein angesehener Silberschmied, dessen kunstvolle Figuren und Vasen im katholischen Gottesdienst verwendet wurden. Außer Muzio, dem Erstgeborenen, hatte er noch sieben weitere Kinder mit der Nicht-Italienerin, von denen aber nur drei das Erwachsenenalter erreichten: Gaetano (1757–1806), der später ebenfalls Musiker wurde, Maria Luigia (geboren 1759) und Regina (geboren 1764). Mit in der Familie, die ein Haus in der Via Banchi Vecchi bewohnte, lebte zudem Catarina (geboren 1749), eine Tochter aus Niccolò Clementis erster Ehe.

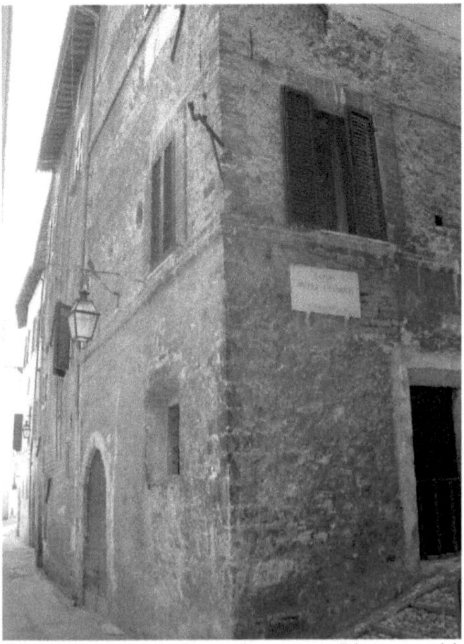

Clementis Geburtshaus in Rom (anonyme Photographie, 2005)

Italien war zwischen dem 15. und dem frühen 19. Jahrhundert ein Zankapfel zwischen den Herrschern Frankreichs, Spaniens und des Deutschen Reiches. Es zerfiel in voneinander unabhängige politische Gebiete, die sich untereinander bekämpften und zwischen den Großmächten hin- und herschwankten. Päpste und oberitalienische Fürsten verbanden eine rücksichtslose Macht- und Familienpolitik mit dem Kampf gegen städtische Freiheiten und der Gestaltung ihrer Höfe zu glänzenden Kulturzentren. Erst kurz nach dem Wiener Kongress begann eine politische Bewegung, die die Vereinigung der unabhängigen Fürstentümer und Regionen der Apennin-Halbinsel zu einem einheitlichen Nationalstaat anstrebte und deshalb Risorgimento (=Wiedergeburt) genannt wird.

Rom war zu Clementis Kindheit eine päpstlich-prachtvolle Barockstadt, die knapp 160.000 Einwohner zählte (heute: fast 3.000.000). Es war die Zeit der Aufklärung, was für die Stadt am Tiber vor allem bedeutete, dass man die zahlreichen Überreste aus der Antike, einer Zeit, für die man sich nun wieder verstärkt interessierte, zu konservieren begann: 1744 wurde durch ein Edikt von Papst Benedikt XIV. der Wiederaufbau des Kolosseums angeordnet, da dieses während des ganzen Mittelalters von den herrschenden Familien Roms als Steinbruch genutzt worden war, 1748 fing man mit den Ausgrabungen in Pompeji an und 1750 wurde die Villa dei Papiri in Herculaneum entdeckt.

Die Familie Clementi war zwar nicht besonders reich, aber sie litt auch keineswegs unter Geldnot. Laut Pietro Spada (geb. 1935), einem Clementi-Experten, von dem in diesem Buch noch oft die Rede sein wird, gehörte sie jenem kleinbürgerlichen Handwerkermilieu an, das im ausgehenden 18. Jahrhundert zum Träger der geistigen und politischen Aufstände werden sollte.

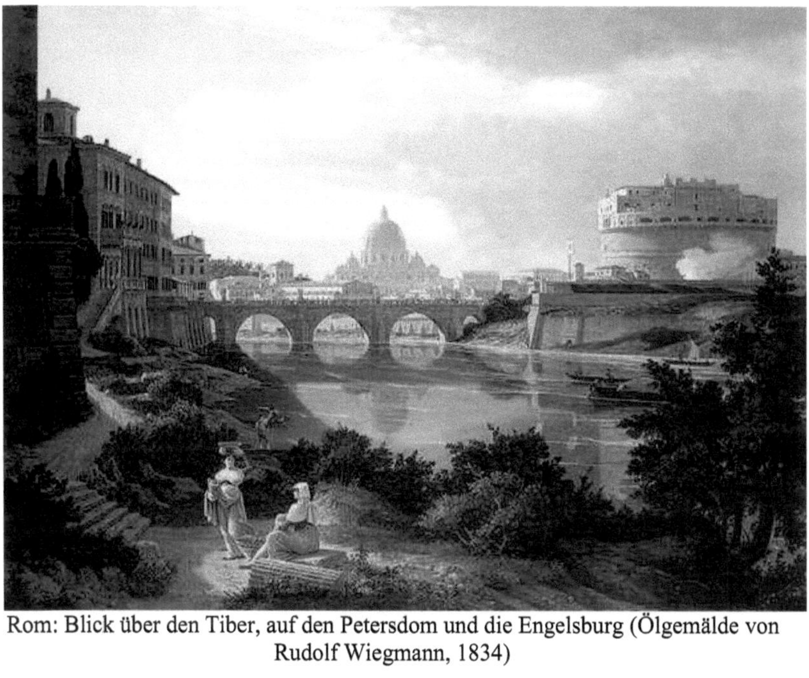

Rom: Blick über den Tiber, auf den Petersdom und die Engelsburg (Ölgemälde von Rudolf Wiegmann, 1834)

Clementi zeigte schon sehr früh ein großes musikalisches Talent. Seine Eltern, insbesondere der musikliebende Vater, erkannten dieses auch, doch sie drängten ihn nicht zum Erfolg (so wie es Wolfgang Amadeus Mozart in seiner Jugend erlebte). Seinen ersten Musikunterricht erhielt er im Alter von sechs Jahren bei einem Verwandten: Antonio Buroni (1738–1792), der zu dieser Zeit als Opernkomponist hervortrat und 20 Jahre später zum Petersdom-Kapellmeister ernannt werden sollte. Nach einem Jahr konnte Buroni seinem Schüler nichts mehr beibringen, sodass dieser zum Organisten Giovanni Battista Cordicelli (gestorben 1774) ging, der ihn mit dem Generalbass am Beispiel der Werke Arcangelo Corellis vertraut machte. Danach lernte Clementi bei Giuseppe Santarelli (1740 bis 1790), einem Kastraten der päpstlichen Kapelle, der mit dem berühmten Musikschriftsteller Charles Burney befreundet war. Im Alter von elf oder zwölf Jahren wurde Gaetano Carpini (1692–1785) sein Lehrer. Dieser galt zu seiner Zeit als der gründlichste Kontrapunktlehrer Roms und war bekannt für seinen trockenen Charakter. Clementi wurde von ihm in die Fugenkunst eingeführt, deren Beherrschung ihm anschließend besser gelang als irgendeinem seiner italienischen Zeitgenossen. Doch nach einigen Monaten des Studierens bei Carpini ermutigten ihn Freunde, eine Messe für vier Stimmen zu komponieren, was er auch tat – ohne es seinem Lehrer mitzuteilen. Die Messe, die heute leider nicht mehr erhalten ist, wurde überall gelobt und so ereignete es sich, dass auch Carpini dazu kam, sie zu hören. Nach der Aufführung soll er auf seinen Schüler zugegangen sein und ihm im strengen Ton gesagt haben: „Warum hast du mir nicht erzählt, dass du darüber nachdachtest, eine Messe zu schreiben? Sie ist dir sehr gut gelungen, aber wenn du mich um Rat gefragt hättest, wäre sie sicherlich noch viel besser geworden.“ Dies trug wahrscheinlich dazu bei, dass Clementi seine Studien bei Carpini beendete, allerdings war er mittlerweile auch schon so weit fortgeschritten, dass er nicht mehr auf einen Lehrer angewiesen war: Im Januar 1766, mit fast 14 Jahren, wurde er zum Organisten der bereits erwähnten Kirche San Lorenzo in Damaso ernannt. In einem Bericht der *Acta capitularia* ist darüber zu lesen: „Weil Giulio Giorgi, Organist unserer Basilika, aufgrund seiner Verpflichtungen gegenüber anderen Kirchen verhindert ist und dementsprechend nicht mehr in der Lage ist, unsere Orgel zu spielen, wird als sein Nachfolger Signore Muzio Clementi mit einem Gehalt von einem Scudo [Fünflirestück] pro Monat eingestellt.“ Andere Quellen berichten, dass der junge Musiker sogar eineinhalb Scudi verdiente; jedenfalls bekleidete er dieses Amt bis einschließlich August 1766. Ferner war er aber auch als Komponist schon richtig fleißig gewesen, denn neben der vierstimmigen Messe war 1764 noch eine weitere Vokalkomposition entstanden: das Oratorium *Martirio de' Gloriosi Santi Giuliano*, von dem heute bedauerlicherweise nur noch das Libretto existiert. Zudem hatte er 1765 die *Klaviersonate As-Dur WO 13* geschrieben, die erste von seinen insgesamt über 100 Sonaten und das einzige Werk aus seiner römischen Kindheit, das uns erhalten geblieben ist.

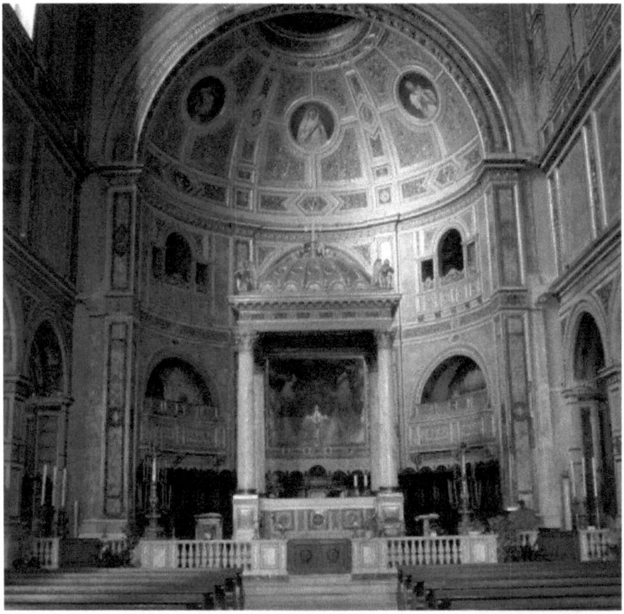

Eine Innenansicht der Kirche bzw. Basilika San Lorenzo in Damaso (anonyme Photographie)

Am Ende dieses Kapitels sei noch eines erwähnt: Clementi war vom Sternzeichen her Wassermann. Vielleicht ist das gar nicht so unwichtig, wenn man sich Gedanken um seinen Lebensweg macht, denn Wassermännern wird ein origineller Geist zugesprochen, der seiner Zeit weit voraus ist. Weitere Charaktereigenschaften dieses Sternzeichens sollen neben Freundlichkeit, Großzügigkeit und Toleranz auch Ideenreichtum und Durchhaltevermögen sein.

Kapitel II:
Ausbildung und erste Erfolge in England

Clementi machte seine Sache als Organist und auch als Cembalist offenbar so gut, dass einem Reisenden aus England sein großes Talent auffiel. Dieser Reisende war Sir Peter Beckford, ein sehr reicher Vetter des Exzentrikers William Beckford, dem Autor des Schauerromans *Vathek*. Er war nicht nur nach Italien gekommen, um seine Gemäldesammlung zu vervollständigen, sondern auch, um die musikalische Infrastruktur auf seinem Landsitz sicherzustellen. Er „kaufte“ den jungen Clementi seinem Vater kurzerhand „auf sieben Jahre ab“. Dessen einzige Sorge war offenbar, dass der protestantische Landadelige versuchen könnte, seinen katholischen Sohn zum Konvertieren zu bringen, denn noch 20 Jahre später schrieb Beckford: „Wenn der berühmte Clementi [...] tatsächlich kein Katholik mehr ist, liegt die Schuld nicht bei mir: Ich versicherte dem Papst, dass ich nicht versuchen würde, ihm die Konversion nahezulegen.“

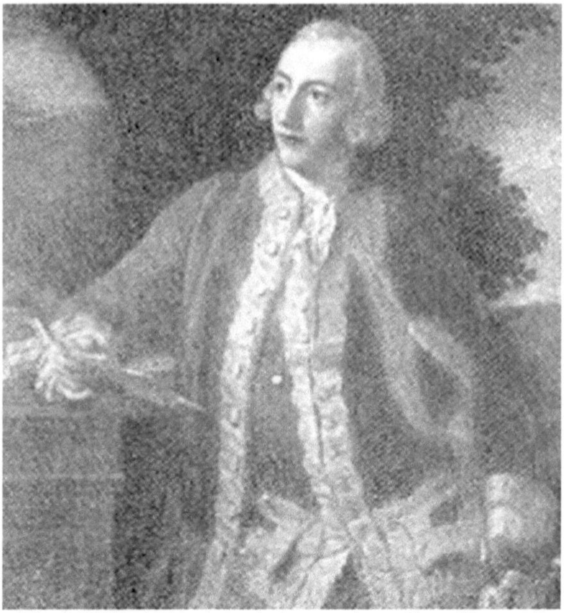

Sir Peter Beckford (1740–1811; Ausschnitt aus einem Gemälde von Pompeo Batoni)

Beckford, der sich dazu verpflichtet hatte, Niccolò Clementi für den „Kauf" vierteljährlich Geld zukommen zu lassen (am 8. September 1766 zum ersten Mal) nahm den fingerfertigen Knaben Ende 1766 mit auf seinen Landsitz im Südwesten Englands, genauer gesagt in der Nähe der Kleinstadt Blandford Forum in der landschaftlich abwechslungsreichen Grafschaft Dorset.

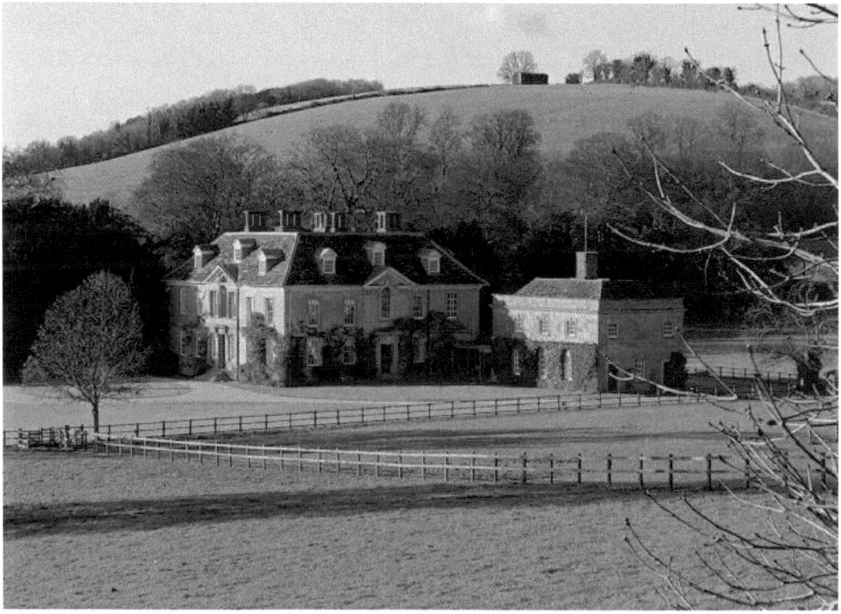

Sir Peter Beckfords Landsitz in Dorset im Südwesten Englands (anonyme Photographie)

Auf dem Landsitz seines Mäzens war Clementi zwar mindestens so abgeschnitten von der Außenwelt wie Joseph Haydn im einsamen Burgenland auf Schloss Esterházy, doch wie diesen brachte ihn die Isolation dazu, sich ganz der Musik zu widmen und „original zu werden". Er übte täglich bis zu acht Stunden Cembalo, sowohl auf Anordnung seines Mäzens, der sich so lange Abende verschönern konnte, als auch aus eigenem Interesse. Sein Repertoire umfasste zahlreiche Kompositionen aus Barock und Frühklassik, die seine harmonische Vertiefung und kontrapunktische Gewandtheit förderten: verschiedene Cembalowerke von Bernardo Pasquini, die Suiten und Fugen von Georg Friedrich Händel, Johann Sebastian Bachs

Wohltemperiertes Klavier, dessen englische Erstausgabe sich glücklicherweise in Beckfords Bibliothek befand, Baldassare Galuppis Sonaten sowie die damals sehr beliebten *Sonate di Gravicembalo* von Pietro Domenico Paradisi (auch Paradies genannt) und die galant-empfindsame Klaviermusik von Carl Philipp Emanuel Bach. Clementis wichtigstes musikalisches Vorbild aus jener Zeit war allerdings Domenico Scarlatti, dessen einsätzige, scherzhafte und virtuose Sonaten er angeblich besser spielte als jeder andere. Scarlatti könnte man sogar als seinen „musikalischen Vater" ansehen, da sein Einfluss in den frühen Sonaten Clementis nicht zu übersehen ist. Zu diesen frühen Sonaten gehört vor allem die *Klaviersonate G-Dur WO 14*, ein kleines, aber feines Meisterwerk, das 1768 im Alter von 16 Jahren komponiert wurde und dessen Autograph sich heute in der Pariser *Bibliothèque nationale* befindet.

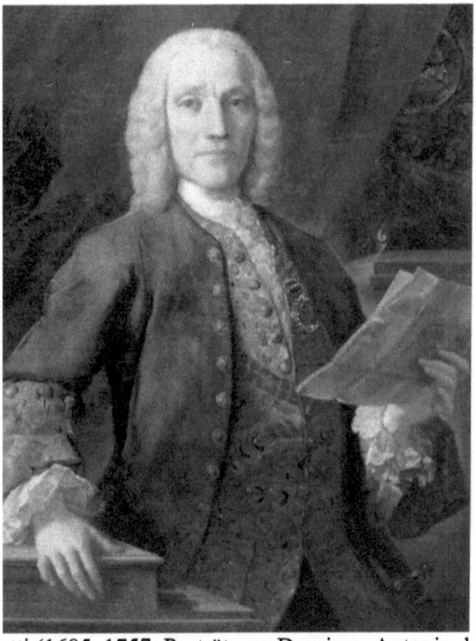

Domenico Scarlatti (1685–1757; Porträt von Domingo Antonio de Velasco, 1738)

Auch die 1771 entstandenen *Sechs Klaviersonaten Opus 1*, die ein wenig „reifer" sind als das WO 14, gehören zu den frühen, von Scarlatti beeinflussten Sonaten. Sie wurden auch veröffentlicht: Der

Verlag *Welcker* aus London brachte sie zum ersten Mal heraus – ermöglicht durch die finanzielle Unterstützung des Widmungsträgers Beckford. Diese Estausgabe befindet sich heute übrigens im *British Museum*.

Nach Ablauf der sieben Jahre ließ Beckford seinen „Schüler" Ende 1773 eigene Wege gehen. Dieser hatte seinem Mäzen zwar viel zu verdanken, war wahrscheinlich aber trotzdem froh, nun frei zu sein und seinen eigenen Weg gehen zu können. Es zog ihn nach London. Die englische Hauptstadt hatte zwar nach einer Pestepidemie 1665 und einem Großbrand 1666 schreckliche Zeiten hinter sich, blühte jedoch gegen Ende des 18. Jahrhunderts wieder auf und wurde sogar zum wichtigsten Finanzzentrum der Welt. Aber nicht nur das: Londons Konzertleben war in den 1770er Jahren wahrscheinlich das bewegteste und vielfältigste überhaupt, denn neben den zahlreichen Opern- und Oratorienaufführungen in Theatern und Kirchen fanden auch häufig öffentliche Konzerte statt, vor allem in den Hanover Square Rooms und in den Vauxhall Gardens. Von diesen öffentlichen Konzerten waren die *Bach-Abel-Konzerte* am bedeutungsvollsten: Sie waren 1764 von Johann Christian Bach und Carl Friedrich Abel ins Leben gerufen worden und gehörten 17 Jahre lang zu den beliebtesten Veranstaltungn im Londoner Gesellschaftsleben.

Zunächst nahm Clementi an derartigen Konzerten nicht teil und trat auch sonst kaum in Erscheinung. Ab und zu, 1775 zum ersten Mal, trat er als Cembalist auf, meistens in diversen Benefizkonzerten, und ab 1777 leitete er für einige Zeit Aufführungen italienischer Opern des *King's Theatre* am Haymarket (heute *Her Majesty's Theatre* genannt), jenem Opernhaus, in dem die meisten Händel-Opern uraufgeführt worden waren. 1779 errang er dann schließlich seinen ersten großen Erfolg, und zwar mit der Veröffentlichung der *Sechs Sonaten Opus 2*. Dank dieser Sonaten wirkte er nun immer öfter in Konzerten mit und zumindest die musikinteressierten Leute wussten allmählich etwas mit seinem Namen anzufangen. Ab Anfang 1780 war er schließlich aus dem Musikleben der Stadt an der Themse gar nicht mehr wegzudenken.

London sollte Clementi – abgesehen von seinen vielen Reisen – bis kurz vor seinem Tod nicht mehr verlassen.

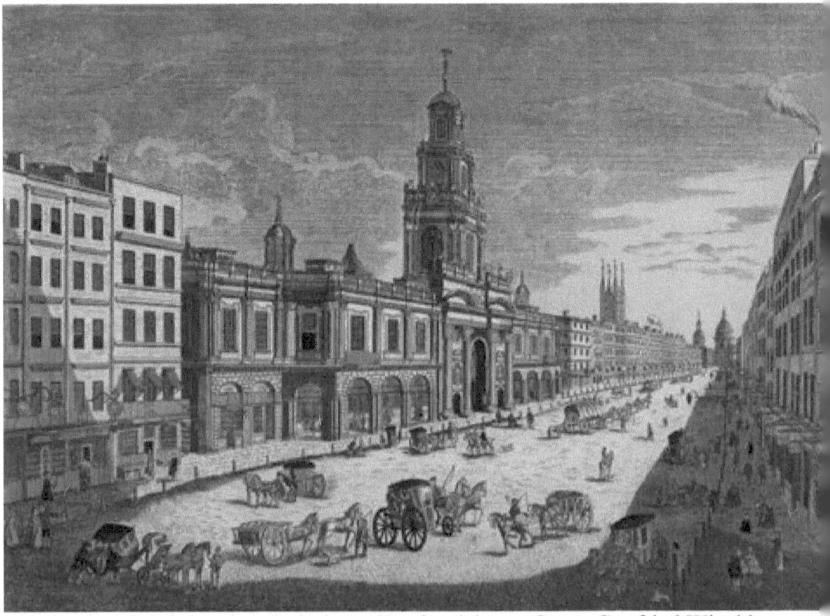

London im 18. Jahrhundert (kolorierter Kupferstich von Georg Gottfried Winckler, um 1750)

Kapitel III: Eine Konzertreise durch Europa

Bestärkt von seinen Erfolgen in London und ermutigt von Gasparo Pacchierotti, einem Kastraten am *King's Theatre*, brach Clementi Ende Mai 1780 zu einer Konzertreise ins Ausland auf. In Paris, seinem ersten Reiseziel, ließ er vom Verlag *Bailleux* eine stark überarbeitete Fassung seines Londoner Opus 1 publizieren: das sogenannte Œuvre 1, wovon die *Klaviersonate B-Dur Œuvre 1 Nr. 2* und das *Duo für zwei Klaviere B-Dur Œuvre 1 Nr. 6* besonders gut gelungen sind. Erstere enthält nicht nur einen melodischen formvollendeten ersten Satz und einen recht kurzen und einfachen, aber dennoch expressiven zweiten Satz enthält, sondern auch einen Schlusssatz, der

Clementis Improvisationstalent beweist: eine Variationsreihe über ein Thema aus der Ballett-Pantomime *Mirza* von François-Joseph Gossec, die im November 1779 in Szene gegangen war.

Als Pianist erntete Clementi in der französischen Hauptstadt so viel Beifall, dass ihm die Gunst erwiesen wurde, vor der jungen Königin Marie-Antoinette und ihrem Hofstaat auftreten zu dürfen. Dieser Auftritt war ein grandioser Erfolg, denn Marie-Antoinette, eine Gesangsschülerin Christoph Willibald Glucks, brachte ihm ihre warme Anerkennung zum Ausdruck und riet ihm, auch nach Wien zu gehen, um dort ihren Bruder, Kaiser Joseph II., aufzusuchen.

Nachdem Clementi auch in Straßburg, in München vor dem musikliebenden Kurfürsten Karl Theodor und in Salzburg aufgetreten war, befolgte er schließlich den Rat von Maria Theresias jüngster Tochter und reiste nach Wien. Joseph II., der selbst ein amateurhafter Klavierspieler war, ließ sich von ihm aber nicht nur vorspielen: Er organisierte auch einen „Klavierwettstreit“ zwischen dem mittlerweile 29-jährigen und Wolfgang Amadeus Mozart, der ziemlich genau vier Jahre jünger war. Wer diesen „Wettstreit“ gewann, ist ungewiss, die einen behaupten, dass Clementi verlor, da er Autodidakt war und bis zu diesem Zeitpunkt kaum Erfahrungen mit dem neu entwickelten Hammerklavier gesammelt hatte, die anderen gehen davon aus, dass Clementi, schon damals eine Berühmtheit in der Musikwelt, gewann, weil er Mozart an Virtuosität mit Sicherheit überlegen war. Fest steht jedoch, wann und warum das „Wien-sucht-den-Superpianisten“-Ereignis stattfand, nämlich am Weihnachtsabend des Jahres 1781 in der Hofburg, mit dem Ziel, den Kaiser und seine Gäste, den späteren russischen Zaren Paul I. und seine Gemahlin Maria Feodorowna, musikalisch zu unterhalten. Zuerst mussten die beiden Musiker auf Wunsch der angehenden Zarin eine ihr gewidmete Sonate von Giovanni Paisiello vom Blatt spielen, wobei Mozart für das Allegro zuständig war und Clementi das Andante und das Schlussrondo übernahm. Danach sollten sie an zwei Klavieren über verschiedene Themen improvisieren (laut Mozart kriegte Clementi ein Instrument ab, das verstimmt war und an dem drei Tasten klemmten). Zum Schluss trugen sie schließlich eigene Kompositionen vor: Clementi die *Toccata B-Dur Opus 11 Nr. 2* und die knapp 15 Minuten lange *Klaviersonate B-Dur Opus 24 Nr. 2*, eines seiner besten Werke überhaupt, Mozart die *Variationen über „Ah, vous dirai-je, Maman“ KV 265*.

Clementi sprach vom Auftritt seines Kollegen mit größter Anerkennung: „Ich hatte bis dahin niemand so geist- und anmuthsvoll vortragen gehört.“ Dieser dagegen äußerte sich in einem Brief an seinen Vater Leopold vom 16. Januar 1782 weniger begeistert über seinen Konkurrenten: „Nun vom Clementi. dieser ist ein braver Cembalist. dann ist auch alles gesagt. er hat sehr viele fertigkeit in der rechten hand. seine haupt Pasagen sind die Terzen. übrigens hat er um keinen kreutzer geschmack noch empfindung. ein blosser Mechanicus.“ Diese Beurteilung darf man allerdings nicht zu ernst nehmen, erstens, weil Mozart unter großen Geldsorgen litt, während sämtliche Klavierschüler Wiens Clementi zuliefen, und zweitens, weil der Salzburger grundsätzlich eine gewisse Abneigung gegen italienische Kollegen hatte, erst recht, wenn diese auch noch große technische Fähigkeiten an den Tag legten: „Clementi ist ein ciarlattano wie alle wälsche [Clementi ist ein Scharlatan wie alle Italiener].“ Außerdem gibt es reichlich Gegenargumente, was die Spielweise Clementis angeht: Schüler und Artikel in Musikzeitschriften berichteten, dass der „Mechanicus“ mit viel Gefühl und Ausdruck spielte. Beispielsweise kann man über zwei Londoner Konzerte in *Cramers Magazin der Musik* vom März 1784 lesen: „Mr. Clementi spielte eine Sonate für das Pianoforte, und alle Welt musste zugeben, dass seine Exekution eine unvergleichliche Leichtigkeit und Expression zeigte.“ Zwei Wochen später wurde geschrieben, dass sein Spiel „feinen Geschmack, Delikatesse und große Behendigkeit“ gezeigt habe. „Clementi […] wird als einer der größten Pianisten angesehen, die je gelebt haben […] Er brilliert gleichermaßen im Adagio und Allegro […] Er improvisierte in einer Weise, die einen glauben ließ, die Musik sei ausgeschrieben gewesen.“ Damit dürfte Mozarts mangelndes Urteilsvermögen im Falle Clementis bewiesen sein. Überdies tat der Salzburger etwas, das man kurz und knapp als „klauen“ bezeichnen könnte: Er verwendete zehn Jahre später, 1791, das Thema des ersten Satzes der bereits erwähnten *Klaviersonate B-Dur Opus 24 Nr. 2* in der Ouvertüre zu seinem bekannten Singspiel *Die Zauberflöte*. Dies verärgerte Clementi so sehr, dass er in jeder Neuausgabe jener

Sonate anmerkte, sie sei vor dem Bühnenwerk Mozarts veröffentlicht worden. Und tatsächlich: Bereits zwei Jahre vor der Entstehung der *Zauberflöte*, 1789, war das schnell verbreitete Werk erstmals herausgegeben worden. Doch damit nicht genug: Mozart zog noch in einem weiteren Brief an seinen Vater (vom 7. Juni 1783) über den Italiener her: „Nun muß ich meiner Schwester wegen der Clementischen Sonaten ein paar Worte sagen. Daß die Composition davon nichts heißt, wird Jeder, der sie spielt oder hört, selbst empfinden. Merkwürdige oder auffallende Passagen sind keine darin, ausgenommen die Sexten und Octaven, und mit diesen bitte ich meine Schwester sich nicht gar zu viel abzugeben, damit sie sich dadurch ihre ruhige und stete Hand nicht verdirbt und die Hand ihre natürliche Leichtigkeit, Gelenkigkeit und fließende Geschwindigkeit dadurch nicht verliert. Denn was hat man am Ende davon? Sie soll die Sexten und Octaven in der größten Geschwindigkeit machen (welches kein Mensch wird zuwege bringen, selbst Clementi nicht) – und so wird sie ein entsetzliches Zackwerk hervorbringen, aber sonst weiter in der Welt nichts. [...] Er [Clementi] schreibt auf eine Sonate ‚Presto', auch wohl ‚Prestissimo' und ‚alla breve', und spielt sie ‚Allegro' im vierviertel Tact. Ich weiß es, denn ich habe ihn gehört! Was er recht gut macht, sind seine Terzenpassagen; er hat aber in London Tag und Nacht darüber geschwitzt. Außer diesem hat er aber nichts – gar nichts – nicht den geringsten Vortrag, noch Geschmack, viel weniger Empfindung." Auch dieser Kritik sollte man nicht zu viel Wert zumessen, denn die vielen Terzen, Sexten und Oktavpassagen, die für Clementis Klavierstil jener Zeit typisch waren, wurden von den meisten anderen Zeitgenossen sehr positiv aufgenommen; ein gutes Beispiel dafür ist die beachtenswerte *Klaviersonate A-Dur Opus 2 Nr. 4*, die der Zürcher Verleger Johann Georg Nägeli noch im Jahre 1803 für die *Première suite* seines *Répertoire des Clavecinistes* auswählte (zusammen mit zwei anderen Clementi-Sonaten).

Unter dem Urteil Mozarts leidet das Ansehen Clementis noch heute. Doch wie bereits erwähnt, entstand dieses Urteil aus Verärgerung und einem gewissen Neid heraus. Es mag zwar sein, dass der Italiener zu Beginn seiner Musikerkarriere in erster Linie ein Virtuose war und sich erst mit der Zeit einen melodischeren und gefühlvolleren Cantabile-Stil aneignete, doch geht es sicherlich zu weit, ihn deshalb als „Mechanicus“ ohne Geschmack und Empfindung darzustellen.

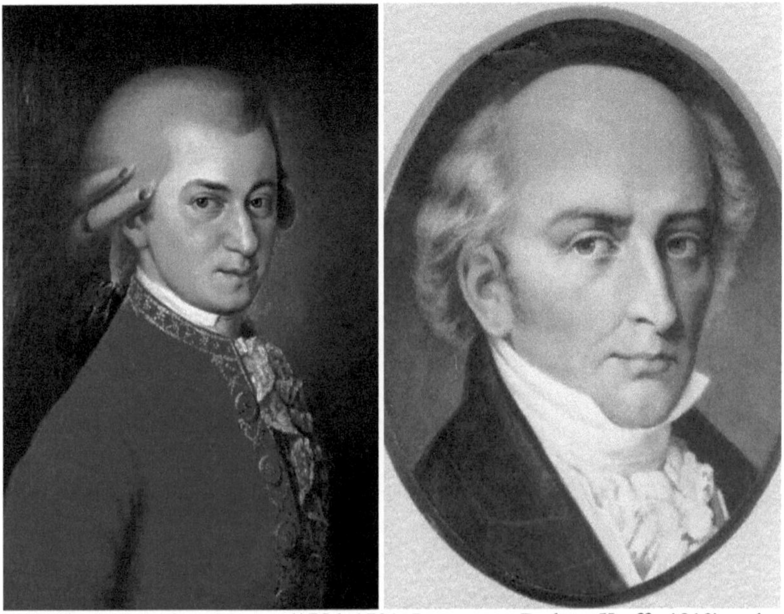

Wolfgang Amadeus Mozart (1756–1791; Porträt von Barbara Krafft, 1819) und Clementi in den 1780er Jahren (anonyme Miniatur)

Wien sollte Clementi später noch öfter besuchen, denn die österreichische Hauptstadt wurde schon damals auch als Hauptstadt der Musik angesehen und dementsprechend war sie für seine kompositorische Entwicklung von großer Bedeutung. In *Cramers Magazin der Musik* heißt es: „Von Clementi ists gewiß, daß er bey seinem Aufenthalt in Wien von vielen deutschen Componisten, hauptsächlich von Haydn, Mozart, Kozeluch, gelernt habe; denn von dieser Zeit an tragen seine neuesten Werke deutschen Zuschnitt und richtigere Bearbeitung der Mittelstimmen.“ Jene neuesten Werke sind die 1782/83 veröffentlichten Klaviersonaten Opera 7, 8, 9 und 10, die als Clementis „Wiener Sonaten“ bezeichnet werden und zweifellos zu seinen größten kompositorischen Leistungen gehören. Sie zeigen gegenüber früheren Werken große strukturelle Fortschritte und die gelungene Integration verschiedener technischer Elemente, was wohl damit zusammenhängt, dass sie wahrscheinlich die ersten Clementi-Sonaten sind, die ausschließlich für das Pianoforte bzw. Hammerklavier und nicht mehr für das Cembalo geschrieben wurden. Die herausragendsten Arbeiten unter ihnen sind: die *Klaviersonate g-Moll Opus 7 Nr. 3*, ein spannendes und kraftvolles Werk, das voller unterschiedlicher Einfälle steckt und in einem Finale endet, das dem Verstand und Humor eines Joseph Haydn in nichts nachsteht, die herrliche dramatisch-ausdrucksvolle *Klaviersonate g-Moll Opus 8 Nr. 1*, die ausgereift-heitere *Klaviersonate B-Dur Opus 8 Nr. 3*, die vom Charakter recht ähnliche, aber virtuosere *Klaviersonate Es-Dur Opus 9 Nr. 3* und die *Klaviersonate A-Dur Opus 10 Nr. 1*, eine der eingängigsten und unterhaltsamsten Kompositionen Clementis, die einen der schönsten Menuett-Sätze aller klassischen Sonaten enthält.

Am Tage des „Duells“ mit Mozart (24. Dezember 1781) hatte Clementi einen Brief an seinen Vater geschrieben. In diesem hatte er berichtet, dass seine weiteren Pläne noch im ungewissen lägen: Er bewohne fürs Erste ein Haus „in der Karnther Strasse gegen dem Wilden Mann“ und bitte um eine möglichst schnelle Rückantwort, da er beabsichtige, die Stadt in ungefähr einem Monat zu verlassen. Schließlich kam es jedoch anders: Erst am 9. Mai 1782 reiste er aus Wien ab. Dies weiß man so genau, da Mozart, der vermutlich froh war, einen so großen Rivalen losgeworden zu sein, in einem Brief vom 8. Mai desselben Jahres erwähnte: „Clementi wird morgen von hier, wie ich höre, wieder abreisen [...].“ Der Italiener ging zunächst nach Zürich und reiste anschließend nach Lyon weiter, wo er am 29. August 1782 ein Konzert gab. In der ostfranzösischen Stadt wurden dann Mitte Dezember auch die *Drei Klaviersonaten Opus 8* vom Verlag *Castaud* veröffentlicht. Die zweite dieser Sonaten, welche in Es-Dur steht, ist Clementis erster großer Liebe gewidmet: Marie-Victoire Imbert-Colomès, die in seinem Leben noch eine entscheidende Rolle spielen sollte. Im Herbst 1783 ging es aber erst einmal zurück nach London. Dort wurde Clementi auch als Pädagoge immer gefragter, sodass Johann Baptist Cramer, der Sohn des Mannheimer Orchestergeigers Wilhelm Cramer, sein Schüler wurde. Der damals zwölfjährige, in dem Beethoven später den besten Pianisten seiner Zeit erkannte, war der erste der zahlreichen Meisterschüler

Clementis und kam dem *Quarterly Musical Magazine* zufolge fast jeden Morgen zum Unterricht in dessen Wohnung in der *Titchfield Street*. Er machte schnell Fortschritte, sodass er am 17. März 1784 mit seinem Lehrer in einem der Hanover-Square-Konzerte auftrat.

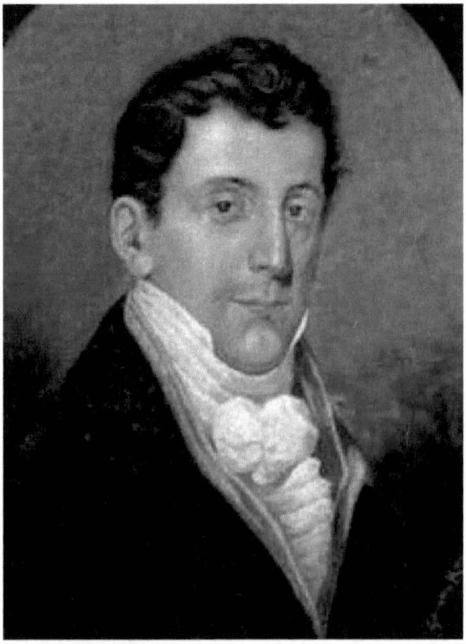

Johann Baptist Cramer (1771–1858; anonymes Porträt)

Ende April 1784 ging Clementi erneut nach Lyon, da er Mademoiselle Imbert-Colomès wiedersehen wollte. Der Vater der jungen Frau, ein reicher Bankier und Politiker, war allerdings mit der Beziehung zwischen seiner Tochter und dem jungen Musiker ganz und gar nicht einverstanden, erst recht nicht mit den Heiratsplänen der beiden. Deshalb unternahm Clementi kurzerhand einen außergewöhnlichen und folgenschweren Schritt: Er entführte die Minderjährige. Doch der wütende Vater hetzte ihnen die Polizei auf den Hals, die sie in der Schweiz aufspürte, sodass die junge Frau wohl oder übel nach Hause zurückkehren musste. Trotz allem zeigt diese Affäre jedoch, dass Clementi ein feuriges Temperament besaß, ein Charakterzug, der in Fachkreisen lange unberücksichtigt blieb. Anschließend ging der Italiener gebrochenen Herzens nach Bern, wo er sich mit Mathematikstudien zu trösten versuchte. Ein Brief an seinen Vater belegt, dass er sich dort bis etwa zum August 1784 aufhielt. Jedenfalls war er ab Mai 1785 wieder in London.

Kapitel IV: Komponist und Lehrer in London

Clementi dürfte zur Zeit seiner Ankunft in London im Frühjahr 1785 sehr betrübt gewesen sein, denn zu seinem Liebeskummer gesellte sich auch der Schmerz über den Tod seiner Mutter Magdalena im Dezember 1784. Folglich trat er über mehrere Monate kaum in Erscheinung, erst später erschien er wieder als Pianist auf der Konzertbühne: Er spielte am 27. Februar, 3. April und 8. Mai 1786 in den Hanover-Square-Konzerten einige Sonaten. Doch noch im selben Jahr unternahm er einen Schritt, der noch lange später von vielen seiner Verehrer beklagt werden sollte: Er beendete seine Karriere als Pianist, und zwar deshalb, weil er sich – so schrieb es zumindest 1977 der Clementi-Biograph Leon Plantinga – Sorgen machte um das Ansehen und die gesellschaftliche Stellung der Instrumentalisten und Sänger in England. Demzufolge widmete er sich ab diesem Zeitpunkt verstärkt dem Unterrichten, was wohl keine schlechte Entscheidung war, denn als (sehr teurer) Lehrer wurde Clementi nun immer gefragter. Zu seinen Schülern gehörten beispielsweise der angehende Organist Arthur Thomas Corfe (1773–1863), der Lyoner Pianist Benoît-Auguste Bertini (1780 bis nach 1830) und die von Haydn sehr geschätzte Theresa Bartolozzi (geborene Jansen).

Die kompositorische Tätigkeit ließ indessen übrigens keineswegs nach, im Gegenteil: Die Jahre zwischen 1785 und 1790/91 könnte man als Clementis schaffensreichsten Lebensabschnitt bezeichnen; natürlich war er auch in späteren Jahren als Komponist fleißig, doch nie entstanden so zahlreiche Werke in einem so geringen Zeitraum. 1785 hatte der Italiener die *Sechs Sonaten Opus 13* geschrieben, von denen die *Klaviersonate f-Moll Opus 13 Nr. 6* besondere Beachtung verdient, da sie sich durch dynamische Extreme, pulsierende Rhythmik und Oktavmelodien auszeichnet, die schon auf den jungen Beethoven vorausweisen, der erst zehn Jahre später die ersten seiner 32 Klaviersonaten herausbringen sollte, und 1786 entstanden die *Drei Sonaten für Klavier und Violine Opus 15*, die zweifellos zu Clementis hochwertigsten Kammermusikwerken gehören. 1787 schrieb er das unterhaltsame *Capriccio B-Dur Opus 17*, dem zwei Gassenhauer aus der damaligen Londoner Opernszene zugrunde liegen, sowie die klangvollen *Zwei Symphonien Opus 18*, seine ersten symphonischen Arbeiten, die zwar völlig dem klassischen Stil verpflichtet sind, sich aber nichtsdestoweniger durch große Experimentierfreudigkeit auszeichnen. Darüber hinaus entstanden im Jahr 1787 auch die *Musical Characteristics Opus 19*, eine Sammlung von jeweils zwei Präludien und einer Kadenz im Stile verschiedener Tonsetzer, nämlich Haydn, Mozart, Leopold Kozeluch, Johann Franz Xaver Sterkel und Johann Baptist Vanhal sowie Clementi selbst. Dieses Werk kann man durchaus als einen Geniestreich betrachten, denn es wurde erst in der Mitte des 19. Jahrhunderts üblich, den Stil anderer Komponisten gezielt nachzuahmen. 1790 vollendete Clementi schließlich die genialen *Sechs Klaviersonaten Opus 25*. Die schönste unter diesen ist wahrscheinlich die düster-expressive *Klaviersonate fis-Moll Opus 25 Nr. 5*, die pianistisch sehr abwechslungsreich ist und vom Charakter her Beethovens *„Pathétique"* ähnelt. Daneben entstand 1790 das *Klavierkonzert C-Dur WO 12*, Clementis einziger Beitrag zur Konzertgattung, den er jedoch nicht veröffentlichte, sondern für Soloklavier arrangierte, sodass die *Sonata quasi Concerto C-Dur Opus 33 Nr. 3* entstand. Alle heutigen Ausgaben des Klavierkonzertes beruhen auf einer Abschrift des damals sehr bekannten Wiener Singspielkomponisten und Musiklehrers Johann Schenk, von der man nicht weiß, ob sie mit der ursprünglichen Orchesterfassung des Italieners identisch ist. Dennoch: So oder so ging jenes Klavierkonzert, das sich genau wie die Sonate durch besonderen Melodienreichtum und einen fröhlichen Geist auszeichnet, als Konzert von Clementi in die Musikgeschichte ein.

Im Januar 1791 brachte Johann Peter Salomon, ein aus Bonn stammender Konzertunternehmer und Geiger, den wohl berühmtesten Tondichter seiner Zeit aus Wien mit nach London: Joseph Haydn. Dieser feierte mit seinen brillanten *Londoner Symphonien* triumphale Erfolge und war so beliebt, dass er alle anderen Komponisten (neben Clementi vor allem seinen eigenen Schüler Pleyel und den Böhmer Johann Ladislaus Dussek) in den Hintergrund drängte. Nachdem ihm am 8. Juli 1791 das Ehrendoktorat der Universität Oxford verliehen wurde und die Konzertsaison zu Ende ging, reiste Haydn im Juni 1792 zwar aus London ab, sodass Clementis Musik wieder gefragter wurde, doch schon ab dem 4. Februar 1794 weilte der Vater der Wiener Klassik erneut in der englischen Hauptstadt, wo er abermals zum Mittelpunkt des Musiklebens wurde. Zu diesem Zeitpunkt kam sich der Italiener so überflüssig vor wie nie zuvor, doch trotzdem schenkte er Haydn vor dessen endgültiger Abreise im August 1795 als Zeichen der Verehrung einen aus einer Kokosnussschale gefertigten Becher mit silbernen Verzierungen.

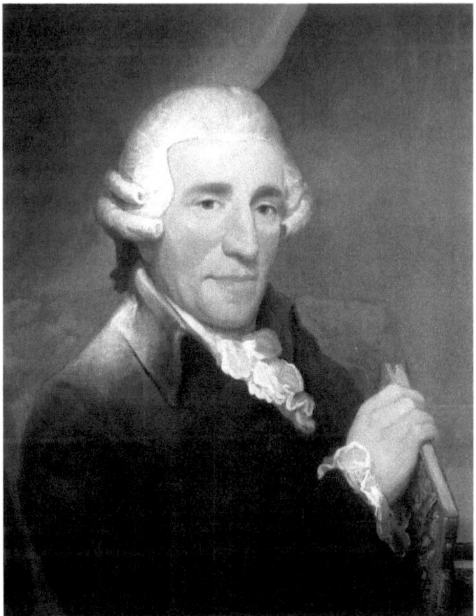

Joseph Haydn (1732–1809; Ölgemälde von Thomas Hardy, 1791)

Überhaupt war das Verhältnis zwischen Clementi und seinem 20 Jahre älteren Kollegen angesichts ihrer Konkurrenz zueinander erstaunlich gut, denn auch Haydn schätzte den Italiener, sodass er sich beispielsweise 1783 in einem Brief an den Verlag *Artaria* ausdrücklich für die Zusendung von Clementi-Sonaten bedankt und diese sehr gelobt hatte. Vielleicht verband Haydn und Clementi ferner auch noch die Tatsache, dass sie 1791 für einige Zeit denselben Schüler unterrichtet hatten, nämlich den jungen Johann Nepomuk Hummel (1778–1837), der auch bei Mozart in Wien studiert hatte, schon in den 1790er Jahren als Virtuose in ganz Europa Aufsehen erregte und später dann zu einem der angesehensten Klavierkomponisten seiner Zeit aufstieg.

Dass Haydn während seiner Anwesenheit in London alle übrigen Komponisten in den Hintergrund drängte, hatte für Clementi indessen auch etwas Gutes: Er hatte begonnen, sich auch auf dem Gebiet des Instrumentenbaus und Musikverlegens zu profilieren. Dies hatte dank seiner geschäftsmännischen Begabung auch großen Erfolg, was man daran sehen kann, dass 1798 die bekannte Firma *Longman & Broderip* umbenannt wurde in *Longman, Clementi & Co.* Und auch nachdem John Longman umgezogen war, hielt Clementi das Unternehmen aufrecht, indem er neue Geschäftspartner hinzuzog und kurzerhand *Clementi, Banger, Hyde, Collard & Davis* gründete. Dieser Betrieb war zwar auch für das Veröffentlichen der neuesten Werke großer zeitgenössischer Komponisten zuständig, doch international Bekanntheit errang er sich in erster Linie durch den Bau von Klavieren: Laut der *Allgemeinen musikalischen Zeitung* waren die Klaviere von *Clementi & Co.* zweifellos die besten – und auch teuersten – ihrer Zeit, da sie unter der Leitung des „mechanisch befähigten und künstlerisch erfahrenen" Clementi hergestellt worden seien. Überdies ist bewiesen, dass dieser – ganz im Gegensatz zu Mozart oder auch Richard Wagner – sehr gut mit Geld umgehen konnte; vielleicht sogar zu gut, denn in der *Allgemeinen musikalischen Zeitung* ist zu lesen, dass Clementi zwar ein großer Virtuose und Komponist, aber auch ein widerlicher Geizhals gewesen sei und auch der Clementi-Biograph Max Unger schrieb 1913, dass der Italiener einen „außerordentlichen Hang zum Geld" gehabt habe, sodass er angeblich kaum einen Brief verfasste, in dem er nicht auf irgendeinen finanziellen Aspekt zu sprechen kam. Doch muss an dieser Stelle auch anerkannt werden, dass Clementi (und später auch seine Familie) Zeit seines Lebens nie unter großen Geldsorgen litt und seine Firma nie bankrottging – auch nicht in wirtschaftlich schwierigen Zeiten.

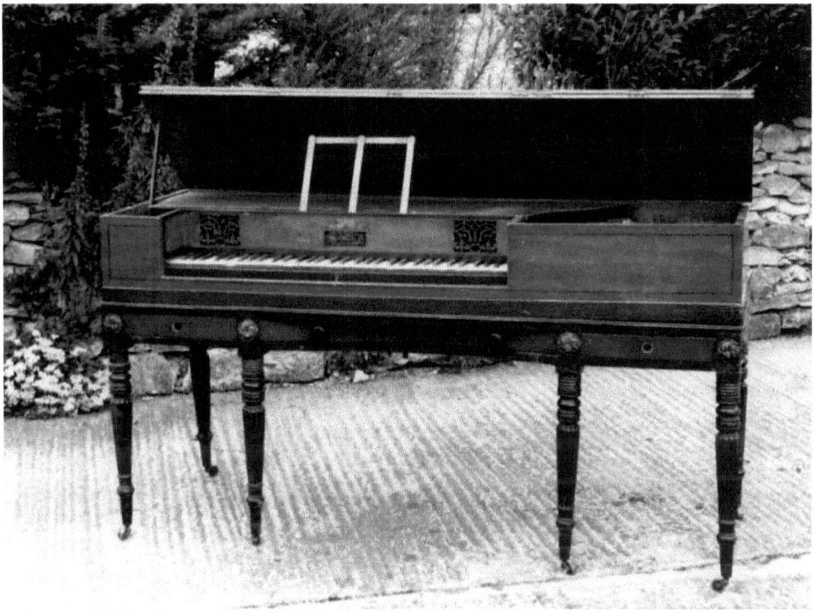

Ein um 1812 gebautes Klavier (Square Piano) von *Clementi & Co.* (anonyme Photographie)

Ein wichtiges Ereignis wurde bisher noch nicht erwähnt: 1794 war John Field Schüler von Clementi geworden. Laut dem *Quarterly Musical Magazine* pflegte und förderte der Italiener das große Talent des jungen Iren mit unaufhörlicher Freude, was sicherlich dazu beitrug, dass Field in der Musikgeschichte noch eine relativ wichtige Rolle spielen sollte, und zwar als Erfinder des Nocturnes (=Nachtstück), dessen romantischer Stil später den jungen Frédéric Chopin beeinflusste. Field musste allerdings als Gegenleistung für den Unterricht in Clementis Firma als Verkäufer arbeiten und der Italiener benutzte ihn als Werbeträger für seine Kompositionen und Instrumente, sodass anzunehmen ist, dass Clementi, der ohnehin schon überall hohes Ansehen genoss, sehr ehrgeizig oder – negativ ausgedrückt – erfolgssüchtig war. Letzteres darf aber auch nicht überbewertet werden, denn das Verhältnis zwischen Clementi und seinen Schülern war letztendlich keineswegs angespannt oder unglücklich, alleine schon aus dem Grund, dass diese von ihrem Lehrer, der zu den bekanntesten und erfahrensten überhaupt gehörte, so viel lernten, wie es bei einem anderen wohl kaum möglich gewesen wäre.

Außerdem genossen Clementis Meisterschüler, wozu Field zweifellos zählte, die Ehre, in seinem Verlag ihre Werke veröffentlichen zu dürfen.

Der Komponist Clementi hatte sich seit Haydns endgültiger Abreise wieder großer Beliebtheit erfreuen können. 1795 war er mit seinem Opus 34 hervorgetreten, von dem insbesondere die unnachahmliche *Klaviersonate g-Moll Opus 34 Nr. 2* genannt werden muss, da sie das antizipiert, wofür Beethoven später bekannt wurde: die Entwicklung großer musikalischer Formen aus kleinsten Grundgedanken heraus. Und 1797 war ein im Vergleich dazu viel einfacheres, aber nicht weniger bedeutungsvolles Werk entstanden: die *Sechs progressiven Sonatinen Opus 36*. Diese waren zwar aus pädagogischen Absichten und nur für Anfänger des Klavierspiels erdacht worden, doch kann sich wohl niemand ihrem reizvollen Charme entziehen, weshalb sie noch heute oft im Unterricht verwendet werden (auch Max Reger müssen die Sonatinen gefallen haben, denn er fügte den drei ersten eine eigenständige leichte Violinstimme hinzu).
1799/1800 schrieb der Italiener dann 24 entzückende kleine Walzer für Klavier mit Begleitung von Triangel und Tamburin, die in zwei Sammlungen zu jeweils zwölf Exemplaren herausgegeben wurden (Opus 38 und 39). 1802 entstand schließlich ein atemberaubendes Meisterwerk, das Clementi auf der Höhe seiner künstlerischen Entwicklung zeigt: die *Drei Klaviersonaten Opus 40* (in G-Dur, h-Moll und D-Dur), die er seiner Schülerin Fanny Blake widmete und die in ganz Europa publiziert wurden – in London von seinem eigenen Verlag. Sie erinnern stellenweise sogar etwas an den hochromantischen Stil eines Schumann'schen Klavierwerks und an dieser Stelle wird deutlich, was Clementi für ein bahnbrechend-fortschrittliches Talent besaß: Seine Klaviermusik, die sich in drei Schaffensperioden einteilen lässt, reicht vom einfachsten galanten Stil bis hin zur komplexen Leidenschaft romantischer Klaviermusik, sie baut also sozusagen eine lange Brücke von Scarlatti – über Haydn, Mozart Beethoven und Schubert – bis zu Chopin. Es gab vor und nach ihm nur sehr wenige Komponisten, die im Laufe ihres Lebens eine so große Stilentwicklung zustandebrachten und gleichzeitig trotzdem immer einen relativ persönlichen Stil besaßen. Natürlich kann im Falle Beethovens auch reichlich erstaunt sein, wenn man den stilisti-

schen Unterschied zwischen den ersten Klavierstücken und den späten Streichquartetten betrachtet, aber der Bonner wird heutzutage im Gegensatz zu seinem italienischen Zeitgenossen auch wegen seiner Leistungen anerkannt und bewundert.

Kapitel V: Erneut auf einer langen Europareise

Zusammen mit Field begann Clementi Mitte 1802 eine insgesamt achtjährige Europareise, die im Gegensatz zur Tournee Anfang der 1780er Jahre nicht für pianistische, sondern geschäftliche Zwecke genutzt werden sollte: Der Italiener beabsichtigte, neue Absatzmärkte für die Instrumente seiner Firma zu erschließen und Veröffentlichungsrechte von Werken namhafter Komponisten zu erwerben. Auch die Reisebedingungen waren diesmal aufgrund der politischen Situation anders bzw. erschwert, denn die Napoleonischen Kriege sollten schon bald in vollem Gange sein.

Zuerst gingen Lehrer und Schüler nach Paris, wo sich der Italiener die Klavierfabrik des Haydn-Schülers Ignaz Joseph Pleyel ansehen wollte. Dann brachen sie Ende Oktober oder Anfang November nach Wien auf, wo sie Joseph Haydn einen Besuch abstatteten. Field nahm in der österreichischen Hauptstadt auch Kontrapunktunterricht beim Organisten und Komponisten Johann Georg Albrechtsberger, doch weil er sich von Clementi nicht trennen wollte, begleitete er diesen im Dezember nach Sankt Petersburg. Dort begannen für den Iren schwere Zeiten, da der Italiener ihn in einer Niederlassung seiner Klavierhandlung beschäftigte und aus Konkurrenzangst vom musikalischen Leben der russischen Stadt fernzuhalten versuchte. Erst als sein Lehrer im Juli 1803 nach Deutschland weiterreiste, konnte er sich in der Metropole, in deren künstlerisch-aristokratischem Milieu er sich sehr wohlfühlte, einen Namen machen. Mit Erfolg, denn bis zu seinem Umzug nach Moskau im Jahre 1822 genoss Field in Sankt Petersburg hohes Ansehen als Pianist und Klavierlehrer, zu dessen Schülern unter anderem Michail Glinka, der spätere Begründer der russischen Kunstmusik, zählte.

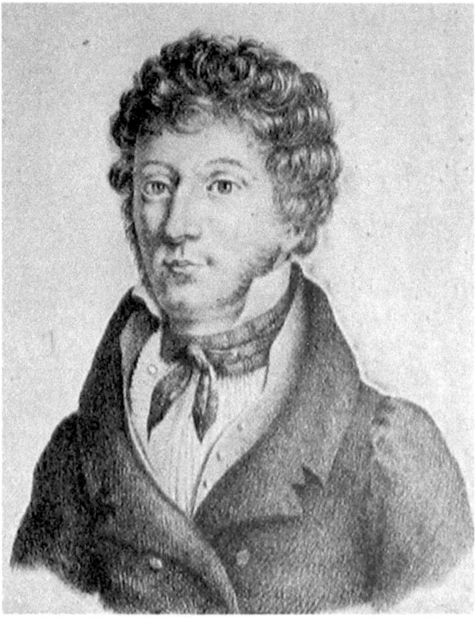

John Field (1782–1837; anonymes Porträt)

Clementi ging nun, wie bereits erwähnt, nach Deutschland. Dort hielt er sich zunächst für etwa zwei Wochen in Berlin und danach, von Mitte August bis Herbst 1803, in Dresden auf. Von dort schrieb er am 17. August einen langen Brief an seinen Geschäftspartner William Collard. Dank diesem Brief, den Clementi in seinem typischen klar-rezenten Englisch verfasste, weiß man über den bisherigen Verlauf seiner Reise überhaupt Bescheid. Ende 1803 ging er dann, begleitet von seinem jungen Dresdner Schüler August Alexander Klengel (1783–1852), nach Prag und im Frühjahr 1804 nach Wien, bevor die beiden am 18. Mai in Zürich ankamen. Ende Mai reisten sie dann nach Leipzig und ab dem 2. August war der inzwischen 52-jährige mit Klengel erneut in Berlin. Dort unterrichtete er für einige Wochen den jungen Giacomo Meyerbeer, den späteren Begründer der *Grand opéra*, der sich zu dieser Zeit noch Jakob Liebmann Beer nannte. Außerdem wurde Ludwig Berger (1777 bis 1839) in Berlin sein Schüler. Dieser sollte später ein anerkannter Liederkomponist und Schöpfer poetisch-lyrischer Klavierstücke werden, zu dessen Klavierschülern unter anderem der heranwachsende Felix Mendelssohn-Bartholdy gehörte.

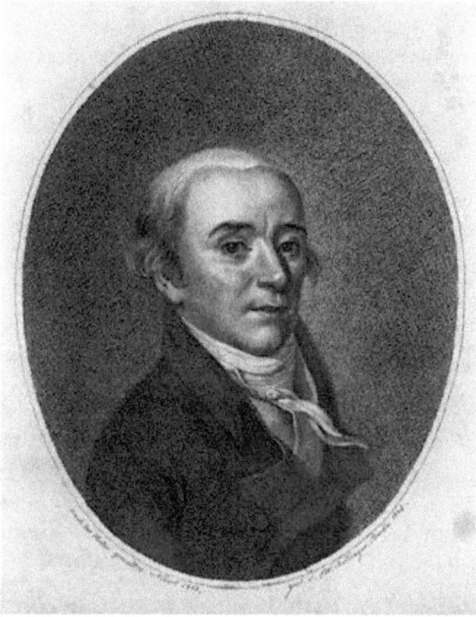

Clementi im Jahr 1804 (Punktierstich von Friedrich Wilhelm Bollinger)

In Berlin lernte Clementi auch die 18-jährige Caroline Lehmann kennen, in die er sich verliebte. Ihr Vater, Johann Georg Gottfried Lehmann, war Kantor und Musikdirektor der Nikolaikirche sowie Leiter des Chores der Königlichen Oper. Die junge Frau gehörte zu jenem Kreis junger Künstler und Intellektueller, der dem Dichter Adelbert von Chamisso, dem Textdichter von Schumanns Liederzyklus *Frauenliebe und -leben*, Inspiration lieferte. Ein anderes Mitglied dieses Kreises, der Schriftsteller und Diplomat Karl August Varnhagen von Ense, schrieb – nicht ohne eine gewisse Eifersucht – über die Brautwerbung Clementis in seinen *Denkwürdigkeiten*: „In dieser Zeit bekam Caroline Lehmann einen Freier, den wir alle als eine Abscheulichkeit ansahen; aber unglücklicherweise konnten wir uns nicht von ihm befreien. Es war der alte Muzio Clementi, hoch geschätzt für sein Talent und seinen Reichtum, der vorhatte, das mittellose junge Mädchen an sich zu binden. Ihre Eltern waren für die Bindung und das Mädchen selbst schwankte hin und her zwischen deren zustimmender Begeisterung und der Missbilligung, die wir, ihre Freunde, ihr zum Ausdruck brachten [...].“ Letzendlich kam es am 18. September 1804 dann doch zur Heirat, an deren Anschluss eine Hochzeitsreise nach Rom und Neapel unternommen wurde (es war wahrscheinlich das erste Mal, dass Clementi Fuß auf italienischen Boden setzte, nachdem Beckford ihn seinem Vater „abgekauft“ hatte). Im Februar 1805 befanden sich die beiden dann wieder in Berlin, wo am 8. August 1805 Carl Clementi das Licht der Welt erblickte (sein Vater hoffte scherzhaft, dass er sofort nach der Geburt mit dem Klavierspielen beginne). Das Familienglück hielt jedoch nicht lange an, denn neun Tage nach der Geburt starb Caroline, keine 20 Jahre alt. In einem Brief an Collard vom 31. August schrieb Clementi: „Von meinem verhängnisvollen und nicht wieder gut zu machenden Verlust hast du bestimmt durch die Blakes erfahren. Gott allein kann mir die Kraft geben, über ihn hinwegzukommen.“

Bis Ende September 1805 erholte sich Clementi einigermaßen von dem Schicksalsschlag und nachdem er Carl in die Obhut seiner Schwiegermutter gebracht hatte, beschloss er, seine Reise fortzusetzen, sodass er sich Ende des Jahres mit Klengel und Berger in Riga befand, wohin er sich durch Collard einen Flügel hatte hinschicken lassen. Anfang 1806 ging er dann mit seinen Schülern wieder nach Sankt Petersburg, wo er am 9. Juni 1806 erneut einen Brief an seinen Geschäftspartner schrieb: „Vor etwa fünf Wochen schickte ich Dir einen langen Brief mit vielen Äußerungen darüber, dass unsere Instrumente in diesem Klima leiden [...] Die zwei Schüler, die ich aus Berlin mitgenommen habe, werden in diesem Land begeistert aufgenommen [...] Ich habe ihnen viele Schüler verschafft [...] Ihre Namen sind Klengel und Berger: zwei rechtschaffene und fleißige junge Männer.“

Anfang November 1806 ging Clementi – nun wieder alleine – nach Wien, wo er vom Tode seines Bruders erfuhr, der ihn wahrscheinlich sehr traurig stimmte, da er mit Gaetano in engem Briefkontakt gestanden hatte (so wie mit seinem 1789 verstorbenen Vater). Im April 1807 nahm er dann erneut mit einem großen Komponisten Kontakt auf: Ludwig van Beethoven, der die Sonaten des fast um 19

Jahre älteren Kollegen als „die schönsten und pianistischsten aller Kompositionen“ bezeichnete und seinem Neffen Karl riet, diese anstatt die von Mozart zu spielen. Mit dem Bonner führte Clementi Verhandlungen, und zwar im Zusammenhang mit dem Verlegen der Werke Beethovens in England. Das Ergebnis dieser Verhandlungen war ein Vertrag, in dem Beethoven seinem Vorbild sämtliche Veröffentlichungsrechte an seinen neuesten Kompositionen in der Wahlheimat des Italieners zu einem Gesamtpreis von 200 Pfund Sterling übertrug. Jene neuesten Beethoven-Kompositionen waren das vierte Klavierkonzert, die sogenannten *„Rasumowski-Quartette“*, die vierte Symphonie, das Violinkonzert sowie die *Coriolan-Ouvertüre*, also die Opera 58 bis 62. Das Violinkonzert, das heute zum Standardrepertoire eines jeden fortgeschrittenen Geigers gehört, war bei seiner Uraufführung übrigens durchgefallen und deshalb riet Clementi seinem Kollegen, es für Klavier und Orchester zu arrangieren, was sich dieser dann auch zu Herzen nahm.

Clementis Verlag sollte später noch einige andere England-Erstausgaben von Werken Beethovens herausgeben, und zwar die Opera 73 bis 82: das fünfte Klavierkonzert, das seinen Beinamen *„Emperor Concerto“* (*„Kaiserkonzert“*) übrigens von Johann Baptist Cramer erhielt, das sogenannte *„Harfenquartett“*, *Sechs Gesänge für Singstimme mit Klavierbegleitung*, Variationen und eine Fantasia für Klavier, die 24. und 25. Klaviersonate, die unikale *Fantasia für Klavier, Chor und Orchester* sowie die Sonate *„Les Adieux“* und die *Vier Arietten und ein Duett mit Klavierbegleitung.*

Am 22. April 1807 berichtete Clementi in einem Brief an Collard über die Begegnungen mit dem großen Meister: „Beethoven hat zunächst angefangen, mich auf öffentlichen Plätzen anzugrinsen und mit mir zu liebäugeln. Natürlich bot ich alles auf, ihn nicht zu entmutigen [...] Schließlich habe ich mit der Eroberung der stolzen Schönheit Beethoven begonnen. Ich habe beim ersten Besuch in seiner Wohnung sofort angefangen, seine Kompositionen aus Leibeskräften zu loben, und später konnte ich dann mit ihm einen Vertrag über seine neuesten Werke abschließen: drei Quartette, eine Symphonie, eine Ouvertüre und ein wundervolles Violinkonzert, das er auf meinen Vorschlag hin als Konzert für Pianoforte einrichten will

[…] Auch die Symphonie und die Ouvertüre sind großartig, sodass ich denke, ein sehr gutes Geschäft gemacht zu haben. Was denkst Du? Ich habe ihm auch nahegelgt, zwei Sonaten und eine Fantasia für das Pianoforte zu komponieren, die er unserem Haus zu einem Preis von 60 Pfund Sterling abliefern würde. Überdies hat er versprochen, mit keinem anderen englischen Verleger außer mir zu verhandeln.“ Letzteres zeigt gut, wie sehr Beethoven, der sonst für sein störrisches Verhalten gegenüber Verlegern bekannt war, Clementi vertraute. In einem Brief schrieb der Bonner: „Ich werde 200 Pfund Sterling bekommen – und, was noch wichtiger ist, ich werde trotz allem in der Lage sein, meine Werke auch in Deutschland und Frankreich herausbringen zu lassen – und außerdem hat mir Clementi weitere Aufträge gegeben, sodass ich hoffen kann, schon in diesen Jahren die Würde eines wahren Künstlers zu erlangen.“

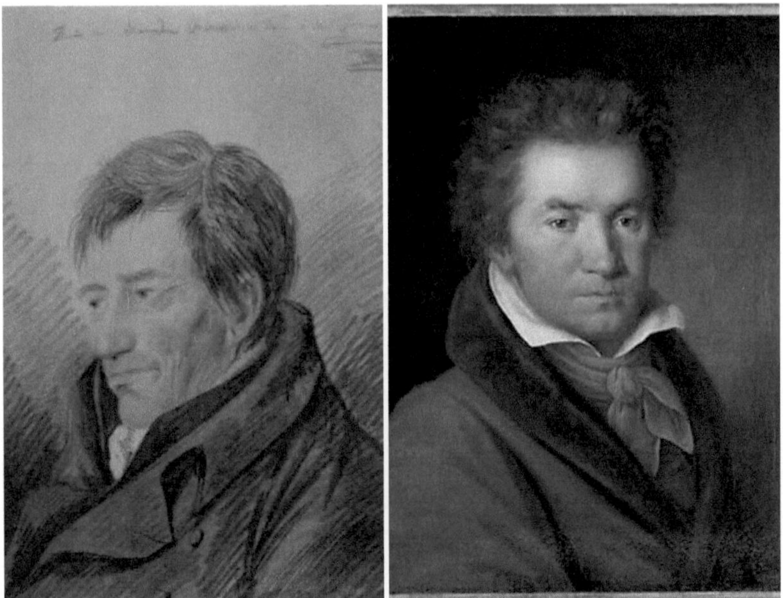

Clementi im Jahr 1810 (Porträt von Aleksander Orłowski) und Ludwig van Beethoven (1770–1827; Gemälde von Joseph Willibrord Mähler, 1815)

Nach seinem Aufenthalt in Wien reiste Clementi nach Rom und Mailand, doch ab Dezember 1808 weilte er erneut in der Donau-Metropole. Dort pflegte er bis zu seiner Abreise im Sommer 1810 guten

Umgang mit allen bedeutenden Musikern und daneben gab er auch Unterricht. Genau in dieser Zeit, im Jahr 1809, begegnete er dem Musikschriftsteller und -kritiker Johann Friedrich Reichardt, der ihn bereits 1785 in London kennengelernt hatte. Er beschrieb den Italiener folgendermaßen: „Er [...] ist noch der magere, feine, freundliche Mann, dem man sein Alter nicht ansieht, voll innerem, konzentriertem Leben, voll Witz und heiterer Laune. Aber die eine böse Laune [...] will er auch hier behaupten: Er will gar nicht spielen. In Italien konnte er sich noch die Ausrede nehmen, es gebe dort keine guten Instrumente, aber hier gilt diese Entschuldigung nicht, denn es sind sogar einige Flügel aus seiner eigenen Fabrik da. Er hat hier viele Freunde und Bewunderer, die seine große Kunst schätzen und würdigen [...] Ich wünschte, ich könnte ihm wieder beim Improvisieren aus der Tiefe seines inneren Seins zuhören, denn dies habe ich in London am meisten genossen."

Ebenfalls aus dem Jahr 1809 stammt ein Eintrag zu Clementi aus dem ersten Band des Amsterdamer *Brockhaus-Conversationslexikons*: „Muzio Clementi, geboren zu Rom 1746 [früher fälschlicherweise oft angenommenes Geburtsjahr], einer der größten Clavierspieler, und der einzige, welchen die Italiener unserm großen Philipp Emanuel Bach entgegensetzen können. In eben dem Grade, in welchem er Virtuos auf dem Clavier ist, ist er auch Componist für dieses Instrument, für welches er zwar sehr schwer, aber doch schön und geschmackvoll setzt."

Kapitel VI: Die letzten Jahre in London

Im Sommer 1810 kam Clementi zurück nach London, wo er sich mit seiner gewöhnlichen wilden Energie in die Aktivitäten eines Musikers und Geschäftsmannes stürzte. Sein Musikverlag bzw. seine Klavierbaufirma war zu dieser Zeit übrigens so erfolgreich wie nie zuvor, obwohl die Klavierbaufabrik 1807 abgebrannt war und die Napoleonischen Kriege in Europa den Handel ziemlich erschwerten; eine Bestandsaufnahme vom Juni 1811 schätzte den Unternehmenswert auf £ 112,00.

Mitte 1811 begann für Clementi schließlich ein neuer wichtiger Lebensabschnitt, denn am 6. Juli dieses Jahres heiratete er zum zweiten Mal, und zwar eine 33 Jahre jüngere englische Lady namens Emma Gisborne, die am 25. Januar 1785 im Londoner Stadtteil Hackney getauft worden war. Die Trauung fand übrigens in der *Saint Pancras Church* statt, welche seit der späteren Errichtung einer gleichnamigen Kirche *Saint Pancras Old Church* genannt wird.

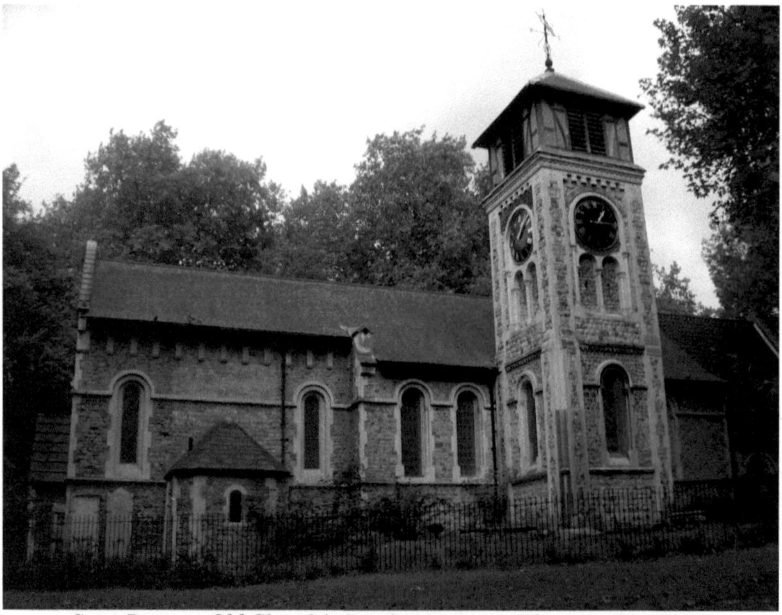

Saint Pancras Old Church in London (anonyme Photographie, 2005)

Die Vorfahren von Emmas Vater Zachariah kamen aus Birmingham, ferner hatte sie drei Geschwister: zwei Schwestern namens Esther und Susanna sowie einen Bruder, der John hieß. Ansonsten ist kaum etwas über Clementis zweite Ehefrau bekannt. Der Italiener hatte sie wahrscheinlich schon vor seiner achtjährigen Europareise kennengelernt, denn Mitte Juli 1805, also noch vor der Tragödie mit Caroline, hatte sie ihn mit ihrer Mutter in Berlin besucht. Die einzige Beschreibung der Frau, die bis zu Clementis Tod an dessen Seite weilte (insofern er sich nicht wieder auf einer Reise befand), stammt vom Klaviervirtuosen und Komponisten Ignaz Moscheles, über den später noch ausführlich berichtet werden wird: „Clementis Gattin (es ist seine zweite) bildet einen großen Kontrast zu ihm selbst: Sie ist eine englische Frau, vernünftig und ruhig, während er reizbar und temperamentvoll ist." Doch die beiden schienen sich gut zu ergänzen, denn immerhin schenkte Emma ihrem Mann vier Kinder: zwei Söhne und zwei Töchter. Das älteste Kind, Vincent (geboren 1812), wanderte später aus nach Peterborough, nordöstlich von Toronto in der kanadischen Provinz Ontario, wo er um das Jahr 1902 starb. Die ältere der zwei Töchter, Caecilia Susannah, heiratete zu späterer Zeit einen gewissen John Smith, mit dem sie zwölf Kinder haben sollte. Ihr sind übrigens die *Duos für Klavier vierhändig WO 24–28* gewidmet, die von Clementi selbst als „Duettini" bezeichnet wurden. Die jüngere Tochter, Caroline, die möglicherweise nach der ersten Ehefrau des Italieners benannt worden war, bekam später auch zahlreiche Kinder. John, der jüngere Sohn, sollte dagegen weniger Glück in seinem Leben haben: Nachdem er den Verlust von Frau und Kind hatte ertragen müssen, starb er, ohne das Alter von 40 Jahren erreicht zu haben.

Im Januar 1813 beteiligte Clementi sich an der Gründung einer Konzertgesellschaft, der *Philharmonic Society of London* (seit dem Jahr 1912 *Royal Philharmonic Society* genannt), die von sechs Direktoren geleitet wurde: neben Clementi auch Johann Baptist Cramer und dessen Bruder François, William Ayerton und der Pianist und Violinist William Dance, ein alter Rivale Clementis. Die Gründung der Institution, die Beethoven später den Auftrag zu seiner neunten Symphonie erteilte, sollte dafür sorgen, dass auch in London regelmäßig professionelle Konzerte mit erstklassigen Interpreten in einem anständigen Konzerthaus stattfinden konnten. Das erste Konzert, das am 8. März 1813 erklang, beinhaltete jeweils eine Symphonie von Haydn und Beethoven sowie die Ouvertüre zu Luigi Cherubinis Oper *Anacreon*. In den folgenden Jahren wurden jedoch auch häufig Clementi-Symphonien aufgeführt, die dieser selbst dirigierte. Ferner war die *Philharmonic Society* für den Italiener noch aus einem anderen Grund von Bedeutung: Er lernte durch sie (zumindest in jener Zeit) viele gute Musiker kennen: Giovanni Battista Viotti

(1755–1824), der von 1794 bis 1798 ebenfalls Kapellmeister am *King's Theatre* gewesen war und als einer der Begründer der modernen Violinspieltechnik gilt, den mit Haydn, Beethoven und Rossini befreundeten Kontrabassisten Domenico Dragonetti (1763–1846), den „englischen Mozart" Samuel Wesley, der vor allem als Organist hohes Ansehen genoss, den Beethoven-Schüler Ferdinand Ries (1784–1838), der in Aufführungen der vorangehend genannten Konzertgesellschaft als Pianist mitwirkte und für diese auch einige Symphonien komponierte, sowie den Violinisten Nicolas Mori (1796 bis 1839), einen der damals besten Geiger Europas, der den Konzertmeister des Orchesters der *Philharmonic Society* verkörperte. Von all diesen Männern war Wesley vielleicht der wichtigste, denn er war nicht nur ein fachkundiger Musiker, sondern auch ein Freund Clementis, sodass er ihm auch seine *„Bay-of-Biscay"-Variationen* widmete. Er beschrieb den Italiener übrigens so: „Clementi war eine Person mit lebhaftem Charakter und einer Schwäche für Literatur. Mit ihm konnte man vergnügte Gespräche führen. Er konnte zwar sehr rechthaberisch sein, doch besaß er einen aufrichtigen Geist."

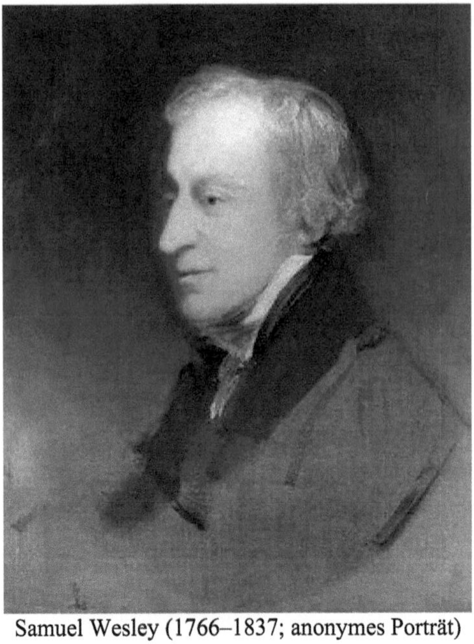

Samuel Wesley (1766–1837; anonymes Porträt)

Unmittelbar nach seiner Heirat war das Ehepaar Clementi in ein 1725 gebautes Haus in der *Church Street* im Londoner Stadtteil Kensington eingezogen. Dieses Haus sollte bis 1823 der Wohnsitz der Familie bleiben. Nebenbei bemerkt: An diesem Gebäude ist heute zu Ehren des Italieners eine kreisförmige blaue Gedenktafel angebracht (genauso wie am Londoner Wohnhaus Georg Friedrich Händels).

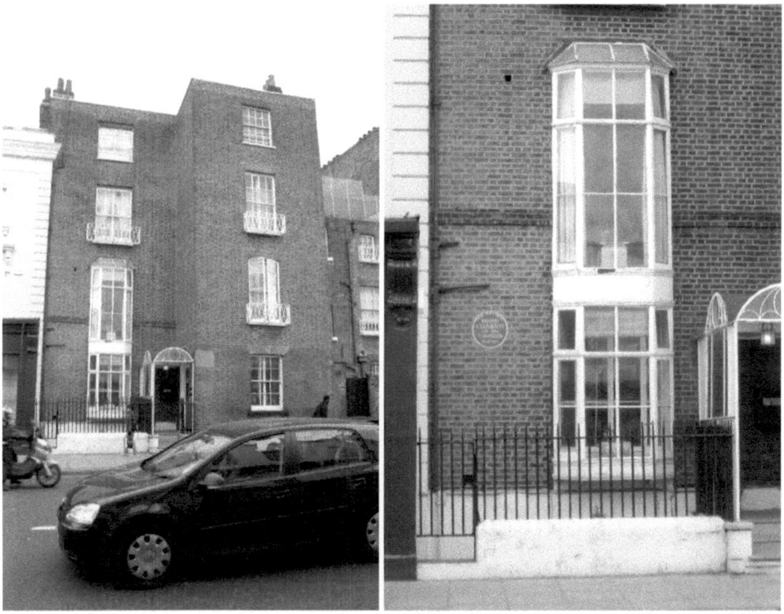

Clementis Wohnhaus im Londoner Stadtteil Kensington (anonyme Photographien, 2008)

Am 24. Dezember 1814 wurde Clementi eine unerwartete Ehre zuteil: Er wurde nach dem Tode des Opernkomponisten André-Ernest-Modeste Grétry zum Mitglied der *Königlich-Schwedischen Musikakademie zu Stockholm* ernannt. Darauf schien er sehr stolz gewesen zu sein, denn die Titelblätter der Erstausgaben seiner späten Klavierwerke tragen alle die Aufschrift „Mitglied der Königlichen Akademie von Stockholm“. Zudem war die Zeit um 1815 für Clementi wohl auch sonst die schönste seines Lebens, denn zu der Tatsache, dass er als Dirigent und Komponist weiterhin sehr beliebt war, kam auch der Umstand, dass immer mehr Freunde und alte Bekannte nach London kamen, zum Beispiel seine ehemaligen Schüler Klengel und Berger. Leon Plantinga schrieb dazu: „Clementis späte Jahre in London wurden versüßt durch die Anwesenheit und Aufmerksamkeit einer ganzen Schar von Freunden. Während er am Anfang seiner Karriere noch oft einsam, introvertiert und gelegentlich schon fast paranoid war, so wurde er in seinen letzten Jahren sowohl beruflich als auch privat anerkannt und umsorgt.“ Zu jener Freundesschar gehörte auch ein Mann, der bis jetzt noch nicht erwähnt wurde: Friedrich Kalkbrenner. Dieser lebte von 1814 bis 1823 in London, und zwar als sehr erfolgreicher Pianist und Klavierlehrer, dessen Kompositionen aus heutiger Sicht allerdings nahezu geringfügig sind (er schrieb zum Großteil Salonmusik leichtester Sorte), weshalb sein Einfluss auf bedeutungsvollere Zeitgenossen aber nicht unterschätzt werden darf; er wurde nämlich von Beethoven gefördert und von Liszt und Chopin sehr verehrt. Letzterer widmete ihm übrigens sein erstes Klavierkonzert. Überdies galt der Deutsch-Franzose, den Clementi in Wien für einige Zeit unterrichtet hatte, zwischen 1824 und 1833 sogar als der berühmteste Pianist der Welt.

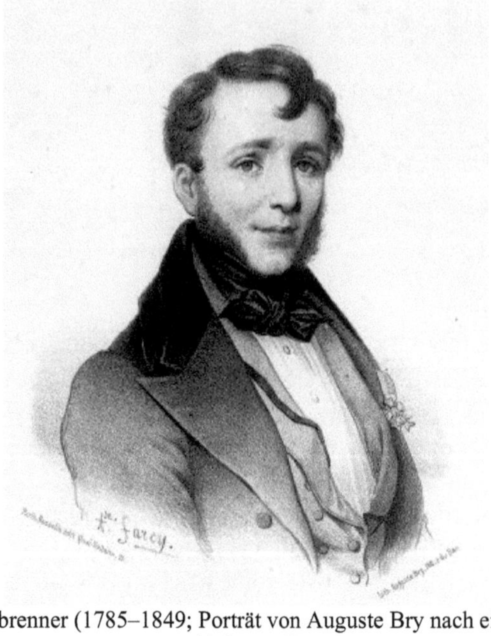

Friedrich Kalkbrenner (1785–1849; Porträt von Auguste Bry nach einer Zeichnung von Alphonse Farcy)

Auch privat blieb Clementi das Glück erhalten, denn zusätzlich zu der glücklich verlaufenden Ehe mit Emma wohnte ab Ende 1818 auch sein Sohn Carl mit in der Familie. Dazu hatte es kommen können, weil Clementi im Juni 1818 seiner Schwiegermutter, Frau Lehmann, die ihren Enkel bis zu diesem Zeitpunkt erzogen hatte, eine Art Bittbrief geschrieben hatte. In diesem heißt es: „Wenn es für Sie ungünstig ist, Carl noch vor August wegzuschicken, werden wir geduldig sein; aber je eher er kommt, desto mehr werden wir uns freuen. Wie immer verlasse ich mich vollkommen auf Ihre Verschwiegenheit und Großzügigkeit. Mit Sicherheit wird es Sie viele Tränen kosten, ihn gehen zu lassen, doch dank Ihres guten Urteilsvermögens werden Sie erkennen, dass es ein Opfer ist, welches seiner Zukunft und seinem Glück dient und dass wir ihn zu einem hilfreichen Mitglied der Gesellschaft machen werden [...] Meine Gemahlin bittet Sie, ihre besten Wünsche anzunehmen. Sehr ungeduldig erwartet sie den Moment, den Sohn ihrer überaus geliebten Caroline in die Arme schließen zu können [Emma hatte 1805 in Berlin nicht nur Clementi besucht, sondern auch dessen damalige Gattin, mit der sie sich offenbar auch angefreundet hatte]. Und sie wird sicherlich für ihn sorgen, als wäre es ihr eigener Sohn; dies sollte für Sie ein erheblicher Trost sein." Carl war wahrscheinlich froh, nun bei seinem Vater sein zu dürfen, denn in den folgenden Zeiten offenbarte er durchaus gewisse künstlerische Talente. So war auf dem Titelblatt einiger vom Pianisten William Cutler komponierter Lieder zu lesen: „Texte von Charles Clementi, dem Sohn des gefeierten Clementi". Außerdem nahm der junge Mann im Juni 1826 als einer der Trauergäste an Carl Maria von Webers Beerdigung teil.

Die ersten Monate des Jahres 1819 waren für Clementi sehr geschäftig. Am 11. Januar wurde der *Allgemeinen musikalischen Zeitung* zufolge in London eine neue Symphonie des Italieners aufgeführt: „Im Saale des philarmonischen Concerts wurde eine neue Symphonie von Clementi gegeben, welcher eine Symphonie von Beethoven voranging und eine andere desselben Componisten folgte: Die Clementische Symphonie entzückte das zahlreiche Auditorium durch Erfindung, Kunst und Geschmack und durch meisterhafte Instrumentation, und man erkannte ihr, als einem Meisterwerke von Melodie und Harmonie den Preis zu." Dass Clementis Orchesterwerke jener Zeit, die später noch detailliert beschrieben werden, den Geschmack des Londoner Musikpublikums trafen, wird bestätigt durch einen Artikel in der *Morning Chronicle* vom 4. März 1819: „Eine neue Symphonie von Clementi wurde zum ersten Mal gegeben. Diese basiert auf einem klassischen Fundament und ist reich an melodischen und harmonischen Effekten; das allgemeine Interesse an dem Werk wurde noch verstäkt durch die Tatsache, dass der große und gefeierte Komponist es höchstpersönlich dirigierte."

1816/17 war Clementi bei den *Concerts spirituels* in Paris aufgetreten, 1817/18 hatte er in Frankfurt am Main konzertiert und auch in den 1820er Jahren sollte die Reiselust des Italieners nicht nachlassen, auch wenn er schon auf die 70 zuging. So ging er Ende 1820 erneut in die französische Hauptstadt, bevor er Anfang 1821 nach London zurückkehrte. Dort schrieb er am 3. Februar desselben Jahres einen kurzen Brief an den Sekretär der *Philharmonic Society*, einen gewissen Watts: „Bitte informieren Sie die Philharmonische Gesellschaft und deren Direktoren, dass ich angesichts der abscheulichen Beleidigung, die mir entgegengebracht wurde, meinen Namen als einer ihrer Mitglieder zurückziehen werde." Was mit jener „abscheulichen Beleidigung" gemeint war, ist heute nicht mehr bekannt, doch Clementis Differenzen mit der Konzertgesellschaft waren auch nur vorübergehend, denn schon ab 1823 sollte er wieder regelmäßig in ihren Konzerten auftreten. Ende 1821 ging es jedoch erst einmal nach München, wo das Orchester des Hoftheaters am 19. November eine Symphonie des Italieners zur Aufführung brachte, und am 14. Januar 1822 kam Clementi in Leipzig an. Dort dirigierte er am 24. Januar, 14. Februar und 14. März im Gewandhaus einige seiner Orchesterwerke. Über eine Symphonie, die im ersten dieser Konzerte gespielt wurde, kann man in einem Artikel des späteren Schumann-Freundes Johann Gottlieb Wendt (1783–1836) im *Morgenblatt für gebildete Stände* lesen: „Lebhaftigkeit, Kraft, Klarheit und Stilreinheit, die Charakteristika, die jeder mit den berühmten Klavierkompositionen Clementis in Verbindung bringt, sind auch in diesem Werk zu erkennen. Wir wurden besonders erfreut durch die zwei mittleren Sätze, einem wunderbaren und fließenden Adagio und einem verspielten Scherzo. Viele Zuhörer waren auch froh, dem Veteran in die Augen schauen zu können, dessen Musik sie in ihrer lang zurückliegenden Jugend zu lieben gelernt hatten." Darüber hinaus ließen die Gewandhaus-Direktoren eine Schale aus Meißener Porzellan anfertigen, in die ein lateinisches Tribut an Clementi eingeritzt wurde, welches Wendt zuvor verfasst hatte. Es bezeichnet den Italiener als „Orpheus seiner Zeit".

Ende 1822 ging Clementi zurück nach London. Dort trat er weiterhin als Dirigent seiner Orchesterwerke hervor. Besonders die Konzertsaison 1824 war hervorragend für den Italiener, denn neben den Aufführungen der *Philharmonic Society* fanden in diesem Jahr auch zum ersten Mal die sogenannten *Concerts of Ancient and Modern Music* statt. Jene erklangen im *King's Theatre* mit dessen erstklassigen Sängern und Instrumentalisten, von denen die Koloratursopranistin Angelica Catalani die Starattraktion schlechthin war. Clementis neueste Kompositionen, die 1824 in fünf von sechs Konzerten auf dem Programm standen, wurden vermischt mit der Musik eines jungen italienischen Kollegen: Gioachino Rossini. Die *Morning Chronicle* schrieb am 8. März: „Die Symphonie von Clementi, die den zweiten Akt eröffnete, bezauberte alle Liebhaber herrlicher Melodik und kunstgerechter Vorrichtung. Dieser große und ausgezeichnete Komponist dirigierte seine eigene Komposition und wurde von den Zuhörern herzlich empfangen, als er das erste Mal erschien, und mit ebenso warmem Applaus verabschiedet, als er sich wieder zurückzog."

Doch sollte allmählich – bevor es mit Lebenslauf des Italieners weitergeht – auch wieder mehr über die Klavierkompositionen Clementis berichtet werden: 1820 war die Kalkbrenner gewidmete *Klaviersonate B-Dur Opus 46* entstanden. Diese ist aufgrund ihrer altmodischen Schreibweise zwar ziemlich geringfügig, doch schon 1821 wurden weitaus bedeutendere Werke geschaffen, nämlich die Opera 47 bis 50. Die brillante zehnminütige *Fantasia mit Variationen über das Lied „Au Clair de la Lune" Opus 48* beginnt mit einer Largo-Einleitung und endet in einem Presto-Finale; ihr liegt ein populäres Kinder- bzw. Volkslied aus dem Frankreich des 18. Jahrhunderts zugrunde. Die nicht minder glänzenden *Drei Klaviersonaten Opus 50*, die Luigi Cherubini zugeeignet sind, stellen Clementis letzten Beitrag zur Sonatengattung dar. Von ihnen ist die dritte, die in g-Moll steht, nicht nur die emotionalste, sondern auch die bekannteste, denn sie stellt das einzige Instrumentalwerk des Italieners dar, das man als Programmmusik bezeichnen könnte; es erzählt nämlich die Geschichte der sagenhaften karthagischen Königign Dido, die aus Schmerz über die Ermordung ihres Gatten Äneas verzweifelt und Selbstmord begeht. Demzufolge trägt das hochdramatische Werk den Untertitel *„Didone abbandonata"* (*„Verlassene Dido"*). Doch nun muss auch die didaktische Clementi-Komposition erwähnt werden, die sicherlich an Monumentalität kaum zu überbieten ist, und zwar ein dreibändiges Werk, das der Italiener 1826, nach neun Jahren, abschloss: *Gradus ad Parnassum or The Art of Playing on the Piano Forte Opus 44*, Clementis opus magnum, ein aus 100 Etüden bestehendes Unterrichtswerk, das zu den besten Klavierlehrbüchern gehört, die je geschrieben wurden, und dementsprechend auch 100 Jahre lang als die am meisten benutzte Klavierspiel-Instruktion galt. *Gradus ad Parnassum* bedeutet übersetzt übrigens *Stufen zum Parnass*, denn der Parnass, ein Gebirgszug in Zentralgriechenland, war in der Antike als Sitz der Musen und des Apollon angesehen worden, weshalb der Begriff „Parnass" im 18. und 19. Jahrhundert oft als Metapher für vollkommen ausgereifte Musikalität verwendet wurde. Demnach kann man sich denken, dass Clementi nicht der erste war, der diesen Titel für ein Lehrbuch gebrauchte: Bereits 1725 hatte ihn Johann Joseph Fux für sein theoretisches Hauptwerk verwendet. Und auch der Impressionist Claude Debussy sollte später noch einmal auf den Begriff zurückkommen, denn in seiner Klaviersuite *Children's Corner*, die er von 1906 bis 1908 komponierte und seiner Tochter Claude-Emma („Chouchou") widmete, parodierte er das gewaltige Werk Clementis, und zwar im ersten der insgesamt sechs Stücke, dem drollig-unterhaltsamen *Doctor Gradus ad Parnassum*.

1825/26 hatte Clementi Freundschaft mit dem bereits genannten Pianisten und Dirigenten Ignaz Moscheles geschlossen, der von ihm auch Unterricht erhielt. Der böhmisch-österreichische Musiker, der 1814 einen Klavierauszug von Beehovens *Fidelio* verfasst hatte und 1832 die erste englische Aufführung von dessen *Missa solemnis* leiten sollte, lebte bis 1846 in London, danach ging er – auf Einladung Felix Mendelssohn-Bartholdys – nach Leipzig, wo er bis zu seinem

Tod die Klavierklasse des Konservatoriums leitete. Er und seine Frau Charlotte waren häufige Gäste des Italieners, der mit seiner Familie nun in Elstree in Hertfordshire lebte, da sein altes Haus an den Komponisten William Horsley (1774–1858), einem Mitbegründer der *Philharmonic Society*, verkauft worden war. Ignaz Moscheles ist es zu verdanken, dass man über den Privatmensch Clementi in dessen letzten Jahren überhaupt noch etwas weiß. So ist zum Beispiel in einem Tagebucheintrag zu lesen: „Clementi ist einer der kräftigsten 70-jährigen Gefährten, die ich je gesehen habe. Früh morgens sehen wir ihn von unserem Fenster aus, wie er ohne Kopfbedeckung im Garten herumgeht. Er ist immer viel zu lebendig, um an eine Pause zu denken. Am Tisch lacht und redet er unaufhörlich. Er hat ein lebhaftes Temperament, ein zu lebhaftes, was wir auf das heiße Blut seiner italienischen Abstammung zurückführen. Er spielt nur selten Klavier, was er damit begründet, eine unbewegliche Hand zu haben, seitdem er in Russland von einem Schlitten gefallen sei. Aber es gibt die These, dass dieser Widerwille mit seiner Unfähigkeit zu tun habe, sich dem großen Fortschritt des bravourösen Stils anzupassen."

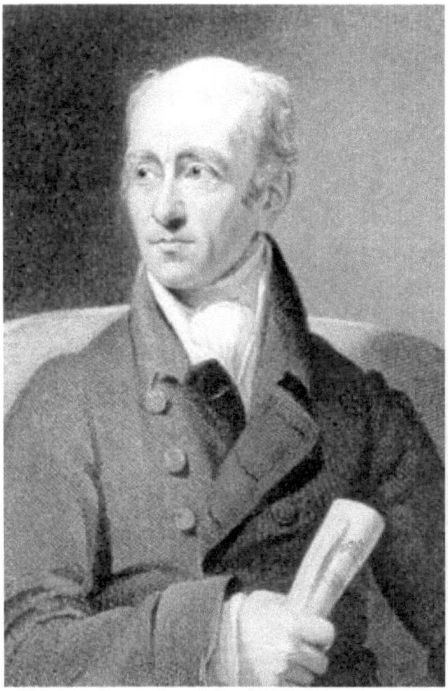

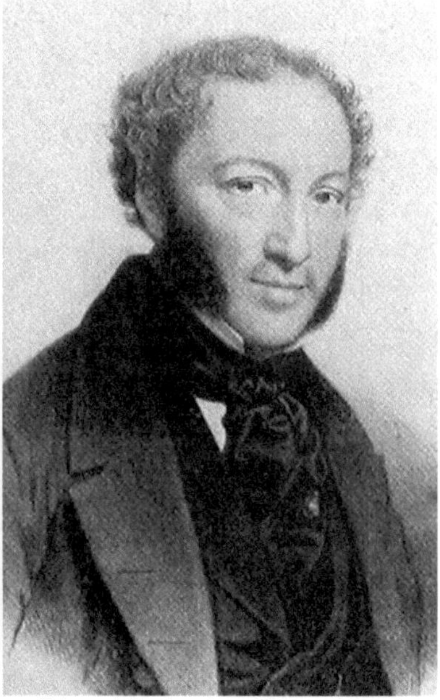

Clementi um das Jahr 1820 (Kupferstich von Edward Scriven) und Ignaz Moscheles (1794–1870; Porträt nach einer Lithographie von Charles Baugniert, 1846)

Charlotte Moscheles fügte später dem obigen Tagebucheintrag ihres Mannes noch etwas hinzu: „Collard war ein regelmäßiger Gast in Elstree, und wenn die Freunde eintrafen, pflegte Clementi zu sagen: ‚Moscheles, spiel mir etwas!'. Dieser wählte dann meist eine Sonate seines Gastgebers aus, während Clementi, zuhörend mit einem selbstgefälligen Grinsen, seine Hände hinter dem Rücken, seine kurze, pummelige Figur hin- und herschaukelnd, zwischendurch ‚Bravo!' aufschrie. Wenn die letzte Note vorbei war, klapste er Moscheles freundlich auf die Schulter und gratulierte ihm herzlich zu seiner Darbietung."

1827 unternahm Clementi mit sage und schreibe 75 Jahren seine letzte Reise: Er ging nach Wien und in den Kurort Baden in Niederösterreich, wo er Bekanntschaft mit dem Beethoven-Gefährten Anton Felix Schindler schloss. Außerdem reiste er in seine Geburtsstadt Rom. Dort lernte er den Musikhistoriker und Kirchenkomponisten Giuseppe Baini (1775–1844) kennen. Dieser war ein eifriger Anhänger der Musik von Giovanni Pierluigi da Palestrina, für die er offenbar auch Clementi begeisterte: „Ich [...] kann bezeugen, dass die Werke Pierluigis in hohen Ehren gehalten wurden von Muzio Clementi, dem größten Klavierspieler aller Zeiten und grandiosen Komponisten, dessen Heimat England ist. Während seinem letzten Aufenthalt in Rom, seinem Geburtsort, besuchte er mich fast jeden Abend, sodass ich ihm die besten Beispiele für Pierluigis Werke zeigen konnte. Und wenn er diese sah, war er erfreut und schrieb einige in sein Notizbuch ab, während er mir gestand, dass er in seinem Leben zwar schon viel Musik gesehen habe, aber in Giovannis Werken neue Länder, neue Himmel und neue Inspirationsquellen entdecke. Außerdem sagte Clementi, er hätte sich nicht vorstellen können, dass eine so belehrende Musik vor mehr als zweieinhalb Jahrhunderten existiert habe." Baini übertrieb mit dieser Aussage wahrscheinlich nicht, denn es ist gut möglich, dass Clementi, ein Meister des Kontrapunkts, von den melodisch, rhythmisch und harmonisch ausgewogenen Werken Palestrinas inspiriert wurde – obwohl es recht merkwürdig erscheint, dass er die Musik des Renaissance-Komponisten erst Ende der 1820er Jahre kennenlernte, denn schließlich stammte er doch aus dem päpstlichen Rom, dem Hauptwirkungskreis Palestrinas und Sitz der katholischen Kirchenmusik schlechthin.

Im Herbst 1827 kam Clementi zurück nach London. Dort fand am 17. Dezember 1827 im *Albion-Hotel* zu seinen Ehren ein Festessen statt. Dieses Bankett war von Cramer und Moscheles organisiert worden. Sir George Smart (1776–1867), ebenfalls ein Musiker, hatte zuvor für das Ereignis in der Zeitschrift *Harmonicon* kräftig Werbung gemacht, sodass zahlreiche Leute erschienen (laut Moscheles genau 90). Es wurden Toasts ausgesprochen und Glees angestimmt, welche eigens für diese Gelegenheit verfasst worden waren. Außerdem wurden einige Klavierwerke Clementis aufgeführt: Cramer spielte die *Klaviersonate A-Dur Opus 2 Nr. 4*, Moscheles die *Klaviersonate B-Dur Opus 46* und der Londoner Pianist und Komponist Cipriani Potter (1792–1871), der 1831 die Uraufführung von Mendelssohns erstem Klavierkonzert dirigieren sollte, eines der *Zwei Capriccios Opus 47*. Danach brachten Cramer und Moscheles zusammen das *Duo für Klavier vierhändig Es-Dur Opus 14 Nr. 3* zu Gehör. Doch der Höhepunkt des Abends war etwas anderes, etwas, das Moscheles in seinem Tagebuch festhielt: „Natürlich wurde ein Wunsch ausgesprochen und sofort mit Beifall überschüttet, wonach Clementi, der Vater des Klavierspiels, die Gelegenheit nutzen sollte, um sein Können unter Beweis zu stellen. Clementi erhob sich von seinem Stuhl; Smart, Cramer und ich führten ihn zum Instrument. Die Spannung war groß, die ganze Gesellschaft lauschte begierig. Clementi war seit Jahren nicht mehr gehört worden. Er improvisierte über ein Thema von Händel und trug uns mit seinem schönen Spiel davon. Seine Augen glänzten in jugendlichem Feuer, sodass viele Zuhörer Gefühlstränen zu weinen begannen. Inmitten von begeistertem Applaus und den herzlichsten Glückwünschen nahm er wieder seinen Sitzplatz ein."

1828 trat Clementi zum letzten Mal an die Öffentlichkeit, und zwar in einem Konzert der *Philharmonic Society*, in dem allerdings keine Werke von ihm selbst auf dem Programm standen. Die große Vorliebe für den alten Komponisten, die an diesem Abend nicht zu übersehen gewesen sein muss, wurde in vielen Londoner Zeitungen festgehalten und beschrieben. So heißt es im *Harmonicon*: „Das Erscheinen des hochbegabten und ehrwürdigen Clementi am Pianoforte rührte die Gesellschaft sehr. Sie wurde erfreut auf eine Art und Weise, die noch nie zuvor vorgekommen war, als sie ihn sahen: Er war in guter Gesundheit, aktiv und frisch; eine Persönlichkeit, die in ganz Europa ausgezeichnet wurde, seitdem die Opera 2 herausgebracht worden waren, was mittlerweile schon fast 60 Jahre her ist!“ Zwar waren seit der Publikation der *Sechs Sonaten Opus 2* eigentlich „nur“ knapp 50 Jahre vergangen, doch trotzdem konnte Clementi nun auf eine sehr lange, arbeits- und erlebnisreiche Karriere als Komponist, Musiker und Geschäftsmann zurückblicken.

Im Juli 1828 schloss Clementi Bekanntschaft mit der 22-jährigen Sopranistin Henriette Sontag, welche im Mai 1824 in der Uraufführung von Beethovens neunter Symphonie mitgewirkt hatte, und mit dem schottischen Dichter Sir Walter Scott, dem Autor des Romans *Ivanhoe*. Beide waren Gäste im Hause Moscheles’, in dem er gelegentlich noch als Pianist auftrat. Zwischen April und Juni 1829 wurde Clementi dann von Felix Mendelssohn-Bartholdy besucht. Dem jungen Musiker, der zu dieser Zeit das erste Mal in London weilte und dort als Komponist enthusiastisch gefeiert wurde, stellte der Italiener für seine Aufenthaltszeit in der englischen Hauptstadt einen Flügel seiner Firma zur Verfügung, den dieser als „himmlisch“ bezeichnete. Clementi, der heute fast nur noch mit der klassischen Epoche und deren Hauptvertretern Haydn und Mozart in Verbindung gebracht wird, lernte aber noch eine weitere große Musikerpersönlichkeit der Romantik kennen: den zwölfjährigen Franz Liszt, der laut seinem Vater Adam bei Carl Czerny, einem Clementi-Schüler, die Werke des Italieners gründlich studiert haben soll. Der „wiedergeborene Mozart“ hatte am 21. Juni 1824 sein Londoner Debüt vollzogen, dem auch Clementi beigewohnt hatte. Dieses war so erfolgreich gewesen, dass der Knabe von nun an überall „Master Liszt“ genannt wurde.

Kapitel VII: Tod in Evesham und ehrenvolle Beisetzung

Erst 1830, also im Alter von 78 Jahren, beendete Clementi seine zahlreichen Aktivitäten, sodass sein Klavierbau- und Musikverlagsunternehmen in *Collard & Collard* umbenannt wurde. Nach seiner Pensionierung zog er sich mit seiner Familie nach Lichfield zurück, der Geburtsstadt des Schriftstellers Samuel Johnson in der mittelenglischen Grafschaft Staffordshire, wo die Clementis im Lincroft House bis Ende 1831 lebten. Danach ging es in die südlicher gelegene ländliche Kleinstadt Evesham, die sich nahe Birmingham in der Grafschaft Worcestershire befindet. Dort verbrachte der Italiener auf seinem prächtigen Landsitz im Kreise seiner Familie die letzten Tage seines Lebens. Am 2. Januar 1832 verfasste er sein Testament: Die meisten seiner Besitztümer vererbte er natürlich Emma und seinen mittlerweile um die 20 Jahre alten Kindern, aber auch den Nachkommen seiner Schwester Regina und seines Bruders Gaetano hinterließ er immerhin eine Summe von insgesamt 400 Pfund Sterling. William Collard, sein Geschäftspartner und Freund, bekam 20 Pfund. Ferner vermachte er dem schon erwähnten Musiker William Horsley fünf Pfund, in der Hoffnung, dass dieser seiner lieben Gattin beim Ordnen seiner Manuskripte helfe.

Nach einer kurzen Krankheit starb Clementi am 10. März 1832 mit 80 Jahren, einem für die damalige Zeit außergewöhnlich hohen Alter. *The Times* schrieb drei Tage später darüber: „Muzio Clementi starb Freitag-Nacht um zehn Minuten nach zwölf auf seinem Landsitz in Elm Lodge bei Worcester [...] Von den Direktoren der Philharmonischen Gesellschaft wurde vorgeschlagen, den Verwandten Clementis den Antrag zu stellen, den Italiener entweder in der Saint Paul's Cathedral oder in der Westminster Abbey beisetzen zu lassen, um dem altgedienten Musiker ein letztes Tribut des Respekts zu bekunden." Und tatsächlich wurde Clementi dann 19 Tage nach seinem Tod, am 29. März 1832, unter großer Anteilnahme – beispielsweise waren Cramer, Field, Horsley, Moscheles und Smart anwesend – als ein englischer Künstler in dem wohl glanzvollsten Gebäude ganz Großbritanniens beigesetzt, der Westminster Abbey. In dieser zwischen 1045 und 1065 gebauten Kirche, der Krönungs- und Ruhestätte der englischen Könige, die heute zum UNESCO-Weltkulturerbe gehört, befinden sich auch die Gräber von Berühmtheiten wie Charles Darwin, Charles Dickens, Georg Friedrich Händel, Sir Isaac Newton, Henry Purcell und Ralph Vaughan Williams. Dies ist keineswegs unerheblich, denn es verdeutlicht noch einmal, welche besondere Wertschätzung Clementi zu Lebzeiten entgegengebracht wurde. Nur im Gegensatz zu Händel wurde dem Italiener in der Londoner Kirche leider kein Denkmal errichtet – und auch sonst nirgendwo auf der Welt kann man ein Clementi-Standbild betrachten.

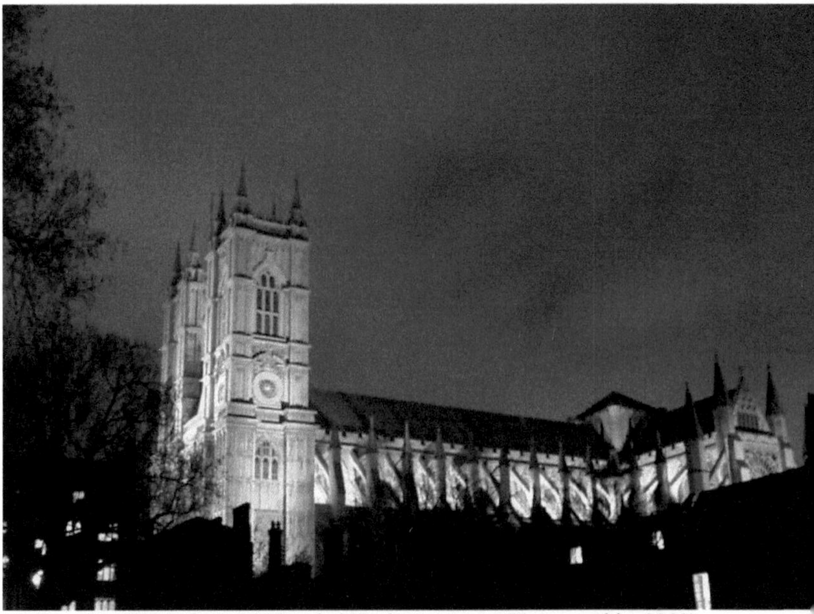

Die Westminster Abbey bei Nacht (anonyme Photographie, 2003)

In einem Bericht des *Atlas'* heißt es über die Trauerfeier Clementis: „Trotz der fast unglaublichen Schwierigkeit, überhaupt in die Kathedrale hineingelangen zu können, haben wir das Gebäude am Tage von Clementis Beerdigung so geschmückt gesehen wie selten zuvor. Es erklang die vereinte Kraft aller hauptstädtischen Chöre."

Der ursprüngliche kleine Grabstein Clementis, auf dem lediglich das Todesdatum zu lesen war, wurde 1877 durch ein würdevolleres Exemplar aus dunkelgrauem Marmor ersetzt, welches bis heute unverändert geblieben ist. Es befindet sich im Flur des Südklosters der Westminster Abbey neben der Grabstätte des Haydn-Freundes Johann Peter Salomon. Die Inschrift und deren Übersetzung lauten:

MUZIO CLEMENTI CALLED THE FATHER OF THE PIANOFORTE HIS FAME AS A MUSICIAN AND COMPOSER ACKNOWLEDGED THROUGHOUT EUROPE PROCURED HIM THE HONOUR OF A PUBLIC INTERMENT IN THIS CLOISTER BORN AT ROME 1752 DIED AT EVESHAM 1832
MUZIO CLEMENTI GENANNT DER VATER DES PIANOFORTES SEIN RUHM ALS MUSIKER UND KOMPONIST ANERKANNT IN GANZ EUROPA VERSCHAFFT WURDE IHM DIE EHRE EINER ÖFFENTLICHEN BESTATTUNG IN DIESEM KLOSTER GEBOREN IN ROM 1752 GESTORBEN IN EVESHAM 1832

Kapitel VIII: Nachleben

„Mich überläuft's schon bei der bloßen Nennung dieses fürchterlichen Namens Clementi – brrr! – Davor habe ich mich immer bekreuzigt." Diese Aussage von Hugo Wolf ist zwar schon weit über 100 Jahre alt, doch das Vorurteil, dass Clementis Musik nur auf Technik fixiert ist und dass er nur einige langweilige Etüden und Sonaten komponierte, denen man keine Bedeutung zumessen sollte, existiert noch heute. Dieses Vorurteil, das zum Teil auch auf Mozarts „Mechanicus"-Äußerungen beruht, muss allerdings schleunigst beseitigt werden, da es einfach nicht der Wahrheit entspricht. Die Klavierwerke des Italieners waren zwar in erster Linie für didaktische Ziele bestimmt und werden zum Teil auch heute noch zu Unterrichts- und Übungszwecken verwendet, sie verlassen aber nie den Bereich der Musikalität, sondern stellen eine Reihe bedeutender

Kunstwerke dar. Clementis einzige Klavierkomposition, die wirklich nur aus Etüden besteht, ist das schon ausführlich beschriebene *Gradus ad Parnassum*. Aber selbst dieses „unmusikalische“ Werk, das zu Lebzeiten des Italieners in drei Bänden (1817, 1819, 1826) herausgebracht wurde, ist für jeden Klavierspieler hilfreich, denn wenn man es von A bis Z gründlich durchgespielt hat, besitzt man eine Fingerfertigkeit, die für eine Pianistenkarriere nur von Vorteil sein kann. Nicht umsonst trägt das Opus 44 den Untertitel *The Art of Playing on the Piano Forte* (*Die Kunst, auf dem Klavier zu spielen*).

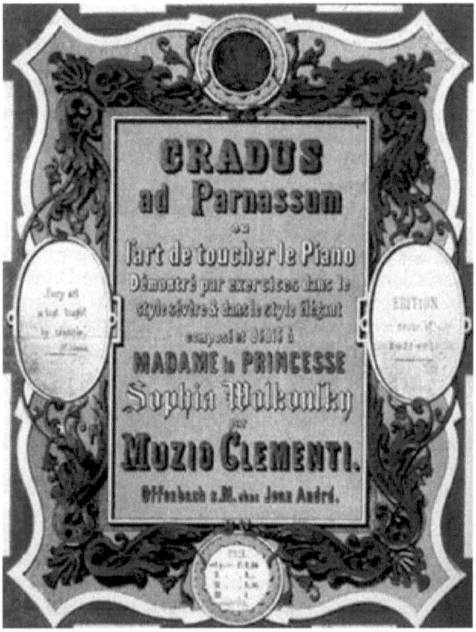

Die Titelseite der *Gradus-ad-Parnassum*-Erstausgabe (herausgebracht von Johann Anton Andrés Offenbacher Verlag)

Auch die *Sechs progressiven Sonatinen Opus 36*, die man eigentlich als kleine melodisch-abwechslungsreiche Meisterwerke ansehen sollte, blieben nicht von Spott und Hohn verschont: Erik Satie beschreibt in seiner *Sonatine Bureaucratique* von 1917 den grauen Alltag eines apathischen Büroangestellten, der – wie könnte es anders sein – eine Sonatine von Clementi einübt (es handelt sich um die besonders leichte und bekannte *Sonatine C-Dur Opus 36 Nr. 1*).

Das andere geläufige Vorurteil, Clementi habe nur furchtbar schwierig und kompliziert geschrieben, muss auch aus der Welt geschafft werden, denn erstens sind die Kompositionen des Italieners nicht anspruchsvoller als die seiner Zeitgenossen und zweitens schrieb er auch einfache, eingängige und teilweise tänzerische Stücke: neben den schon beschriebenen Sonatinen und Walzern auch zahlreiche Monferrinas (ländliche Tänze im 6/8Takt, die aus Montferrat nach England kamen und dort im frühen 19. Jahrhundert sehr populär waren). Die wichtigsten Beiträge Clementis zu dieser Gattung sind die *Zwölf Monferrinas Opus 49* aus dem Jahr 1821, die stilistisch zwischen den Tänzen Beethovens und Schuberts und der sich später entwickelnden Salonmusik stehen.

Es kann einfach nicht oft genug erwähnt werden, dass Clementis Klaviermusik (und auch seine anderen Kompositionen) als ernst zu nehmende musikalische Meisterwerke betrachtet werden sollten, die den Kompositionen Haydns, Mozarts, Beethovens und Schuberts in nichts nachstehen. Apropos Beethoven: Der Musikwissenschaftler Anselm Gerhard schrieb einen Artikel über die benachteiligte Klaviermusik Clementis im Zusammenhang mit dem Schaffen des Bonners. In diesem heißt es: „Während Beethoven rücksichtslos heroische ‚grandeur‘ und schockartige Überraschungseffekte anstrebte, hielt Clementi an Qualitäten fest, die auch heute noch dem britischen Umgangston zugeschrieben werden. Seine Musik vermeidet lautstarke Regelverletzungen und bewahrt in jeder Situation ihre ‚contenance‘; trotz aller Brüche und Kanten wird der dem Gentleman angemessene Ton nicht aufgekündigt. Mit Beethovens radikaler Dramatisierung der Instrumentalmusik hat das wenig zu tun. Wer aber auf Zwischentöne, Untertöne und versteckte Details achtet, wird unter der scheinbar eleganten Oberfläche leicht den souveränen Ernst von Clementis musikalischem Denken und den Pointenreichtum seines Humors erkennen.“

Clementis zweifellos am wenigsten beachtete Werke sind die bisher noch nicht erwähnten Vokalkompositionen. Diese spielen in seinem Schaffen zwar eine untergeordnete Rolle und sind mit den meisterhaften Sonaten und Symphonien auch keineswegs zu vergleichen, doch deshalb sollte man sie nicht völlig außer Acht lassen: Der

Italiener schrieb ein *Rondò per il Ceccarelli* für (Kastraten-)Sopran mit Klavierbegleitung, das Pietro Spada 1984 in seinem Verlag neu herausbrachte, sowie die *Zwei Canzonetten WO 4*, die 1792 in Wien von *Artaria* veröffentlicht wurden. Außerdem verfasste er die *14 Melodies of Different Nations* (*14 Melodien verschiedener Nationen*) nach einer Textvorlage von einem gewissen David Thomson. Diese sind leider nicht bis heute erhalten geblieben.

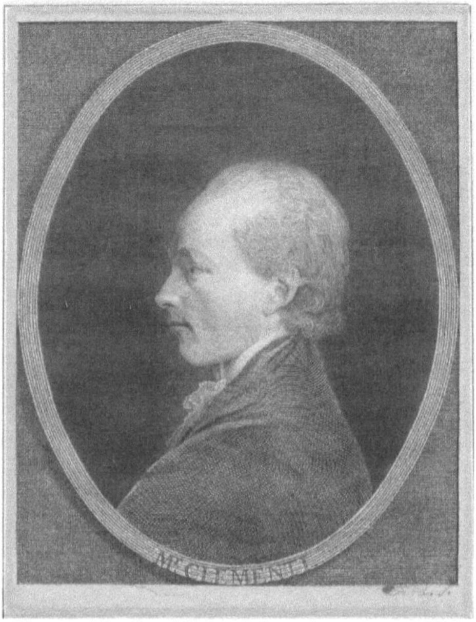

Clementi in den 1820er Jahren (anonymes Bild)

Nun zu Clementis späten Symphonien, die in der Zeit zwischen 1810 und 1830 enstanden, zu Lebzeiten des Italieners – warum auch immer – nicht veröffentlicht wurden und heute im Origial nur teilweise erhalten sind. Ihnen widerfuhren nach Clementis Tod einige kuriose Missgeschicke: Sie gelangten in den Besitz eines Neffen, dem Reverend Clementi Smith, dessen ahnungsloses Dienstmädchen etliche Autographe fortwarf. Ein paar der übrigen Symphonien gerieten dann ins *British Museum*, der Rest fiel der Sammlung des Musikwissenschaftlers und Sängers William Hayman Cummings anheim. Nach dem Tod von Dr. Cummings im Jahre 1915 erwarb schließlich die *Library of Congress* in Washington das ganze Clementi-Material auf einer Sotheby-Auktion, sodass dieses nun von London aus in die USA gelangte, wo es über 50 Jahre lang herumlag und von niemandem angerührt wurde – außer von Alfredo Casella, einem der wichtigsten italienischen Komponisten des 20. Jahrhunderts, der 1935 das Risiko einging, zwei Symphonien zu rekonstruieren und aufzuführen (beispielsweise 1936/37 mit dem *Boston Symphony Orchestra*). Diese Aufführungen waren sehr erfolgreich und so kam es, dass der Verlag *Ricordi* 1938 die beiden Werke publizierte. Obwohl nun jene Casella-Edition mehr von Begeisterung und Liebe zeugte als von musikwissenschaftlicher Genauigkeit, trug sie auf jeden Fall dazu bei, das Interesse am Symphoniker Clementi wiederzuerwecken.

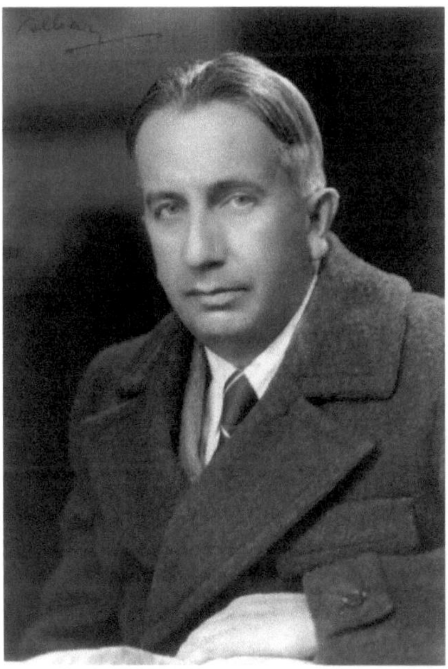

Alfredo Casella (1883–1947; anonyme Photographie, 1938)

Das Casella zu verdankende neue Interesse an den Orchesterwerken Clementis, das Ende der 1930er Jahre aufkam, hielt leider nicht lange an, im Gegenteil: Es verlor sich in der Tragödie des Zweiten Weltkriegs. So waren die Symphonien erneut auf bestem Wege, in Vergessenheit zu geraten. Doch 1969 begann sich ein Mann mit ihnen auseinanderzusetzen, dem wir heute die ausgereift-vervollständigten Fassungen der Symphonien WO 32, 33, 34 und 35 verdanken: Pietro Spada. Dieser ergänzte fehlende Teile der Manuskripte, was sicherlich keine leichte Arbeit war, da Clementi oft viel mit der Schere abgeschnitten und manche Stellen in verschiedenen Versionen zurückgelassen hatte. Überdies sorgte Spada auch dafür, dass die Symphonien ab Ende der 1970er Jahre von vielen bedeutenden Orchestern ins Programm aufgenommen und erstmals eingespielt wurden.

Die von Casella wiederentdeckten und von Pietro Spada wiederhergestellten WO-Symphonien Clementis würden heutzutage eine viel größere Beachtung verdienen, man kann sie nämlich zweifellos auf eine Ebene mit den Symphonien Beethovens und Schuberts stellen. Spada brachte über diese Kompositionen folgendes zu Papier: „Zunächst einmal sei darauf hingewiesen, dass es sich hier keineswegs um Symphonien des 18. Jahrhunderts handelt: Alle Werke dauern jeweils fast eine halbe Stunde; sie haben eine außerordentlich reiche Instrumentierung, zu der immer auch drei Posaunen gehören; die Tonmalerei ist in breiten Strichen ausgeführt, und die symphonischen Gesten kommen kraftvoll und dominierend daher – womit diese Symphonien [...] eindeutig im Kontext des napoleonischen Zeitalters zu verorten sind; andererseits enthalten sie bisweilen auch unerwartet gefühlvolle Passagen, faszinierende Schimmer von Orchesterglanz und bronzefarbene, romantisch gefärbte Klänge der ‚singenden Blechbläser', die man erst bei späteren Komponisten wie Mendelssohn oder Schumann oder sogar Brahms und Verdi finden wird. Man darf aber auch nicht vergessen, dass Clementi diese Symphonien gegen Ende seines Lebens schrieb, das heißt, in ihrer inneren Struktur spiegeln sie zwangsläufig jene Paradigmen logischer Klarheit und expressiver Präzision wider, die das Jahrhundert auszeichneten, in dem Clementi seine ersten 48 Lebensjahre verbrachte – und wie sie für ein konservatives Land wie England besonders typisch waren. Anders ausgedrückt: Während Clementi sich durchaus auf der Höhe seiner Zeit befand und häufig auf verblüffend innovative Weise verborgene, zukunftsträchtige Wege einschlug, behielt er doch gewisse Kennzeichen bei, die diesen Werken (nicht zu Unrecht) den Beinamen ‚Restaurationssymphonien' eintrugen. Natürlich gibt es Argumente gegen eine solche Darstellung, doch sie entspricht durchaus ihrer wahrhaft modernen Pluralität des Stils und der Ideen, auch wenn diese durch die vereinheitlichende Präsenz eines klaren, forschenden, nachdenklichen Geists gemäßigt wird, der immer wieder und oft mit Erfolg versucht, all diese Elemente in einem zwar eklektischen, aber höchst attraktiven Stil zu verschmelzen – und diesen Stil kann man heute mit Fug und Recht als clementinisch bezeichnen."

Nun seien die späten Orchesterwerke noch im Einzelnen erwähnt: die *Symphonie Nr. 1 C-Dur WO 32*, die Clementi – laut Spada – als einen begabten und kreativen Künstler präsentiert, die *Symphonie Nr. 2 D-Dur WO 33*, welche nicht nur ein wunderbares Larghetto, sondern auch ein Finale mit wahrer Beethoven-Intensität enthält, und die *Symphonie Nr. 3 G-Dur WO 34*, die den Beinamen *„Great National Symphony"* (*„Große Nationale Symphonie"*) trägt, da sie mehrmals die englische Nationalhymne „God Save the King/Queen" verwendet. Auf diese Idee war Clementi entweder gekommen, weil er den endgültigen Sieg über Napoleon I. verherrlichen wollte, oder weil er sich schlicht und einfach bei den Engländern, die ihm als Ausländer in ihrer Heimat zu großem Ruhm verholfen hatten, zu bedanken beabsichtigte. Die *Symphonie Nr. 4 D-Dur WO 35* schließlich kann man getrost als Clementis symphonisches Meisterwerk betrachten. Doch zu den späten Orchesterwerken gehören auch zwei Konzertouvertüren (WO 36 und 37) und das meisterhafte *Minuetto pastorale D-Dur WO 38*, das zweifellos auch zu besten Werken des Italieners gezählt werden kann.

Am Ende dieses Kapitels kann man zusammenfassend sagen, dass Clementi seinen berühmten Zeitgenossen Mozart und Beethoven durchaus ebenbürtig ist, was man sowohl an seinen Klavier- als auch an seinen Orchester- und Kammermusikwerken sehen kann (bei letzteren steht das Klavier zwar immer ziemlich im Vordergrund, doch sind die Duo- und Triokompositionen des Italieners deshalb trotzdem auch als ausgewogen und formvollendet anzusehen).

Und auch die pädagogischen Errungenschaften des Italieners sind sehr wertvoll, so geht auf die Clementi-Schule beispielsweise das

Prinzip der ruhigen Handhaltung zurück (eine Spielweise, bei der es besonders auf die Beweglichkeit der Finger ankommt und der Gebrauch der Pedale möglichst vermieden werden sollte). Die zahlreichen Schüler des Italieners, die damals zur absoluten Pianistenelite gehörten, heute aber ebenfalls der Vergessenheit anheim gefallen sind, gaben die Techniken ihres Lehrers wiederum an ihre Schüler weiter, sodass Clementi bis weit ins 19. Jahrhundert hinein indirekt Einfluss auf viele Musiker nahm.

Die Vorurteile gegen Clementi, die sich im Laufe der Zeit leider sehr verbreitet haben, kann man gewissenhaft verwerfen und sich stattdessen klarmachen, dass der Italiener zweifellos zu den bedeutungsvollsten Persönlichkeiten der klassischen Musik gehört, die es der Vergessenheit zu entreißen gilt.

Kapitel IX: Interpreten, CDs und Noten

Heutzutage werden die Kompositionen Clementis ungerechterweise nur sehr selten aufgeführt, da der Italiener in der gegenwärtigen Zeit leider nicht als großer Komponist anerkannt wird. Die meisten Klavierspieler bleiben ohnehin lieber beim „Standardrepertoire" (Bach, Mozart, Beethoven, Chopin usw.). Allerdings gab es einen berühmten Pianisten, der Clementi sehr schätzte und dessen beste Sonaten auf eine Ebene mit der großen Klaviermusik Beethovens stellte: Vladimir Horowitz. Dass jener sich intensiv mit den Kompositionen des Italieners zu beschäftigen begann, ist seiner Frau Wanda, einer Tochter Arturo Toscaninis, zu verdanken, denn diese brachte ihrem Mann, mit dem sie seit 1933 verheiratet war, von einer Italienreise die komplette Erstausgabe aller Sonaten Clementis mit, welche sie bei einem Antiquar erstanden hatte. Horowitz studierte sämtliche Werke dieser zwölfbändigen Edition ein und kam zu der Überzeugung, dass Clementi der eigentliche Vater der modernen Klavierspieltechnik gewesen sei, auch wenn ihm das Genie eines Mozart oder Beethoven gefehlt habe. In einem Interview gab der US-amerikanische Pianist russisch-jüdischer Herkunft folgendes von sich: „Es ist eines der größten Verbrechen in der Musikgeschichte, dass von

Clementi nur die Sonatinen und Etüden bekannt sind, dass seine Sonaten im Konzertsaal nie gespielt werden und auch an den Musikkonservatorien nicht zum Pflichtrepertoire gehören."

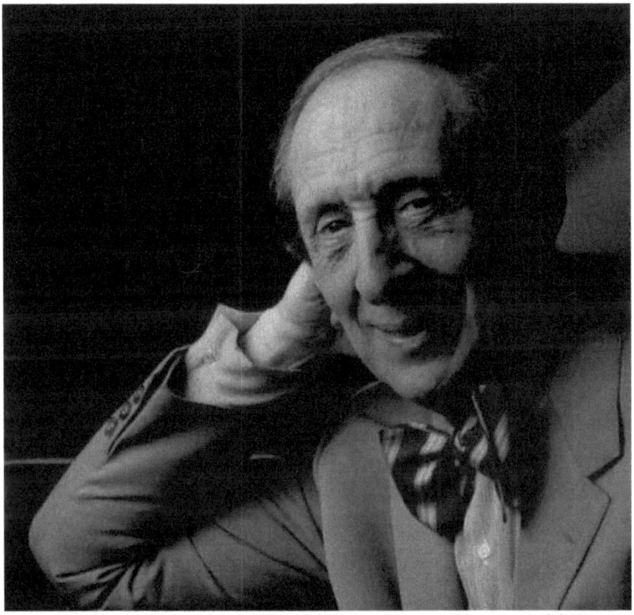

Vladimir Horowitz (1904–1989; anonyme Photographie)

Die meisten lebenden Pianisten, die sich „trauen", Clementi-Kompositionen zu spielen, stehen bei Billiglabels unter Vertrag. Dies soll keineswegs bedeuten, dass unbekannte Klavierspieler als schlecht einzustufen sind, aber warum liegen von Alfred Brendel, András Schiff und anderen Größen der Pianistenbranche zahlreiche oder sogar alle Sonaten von Haydn, Mozart, Beethoven und Schubert auf CD vor und die von Clementi nicht?

Was die unbekannten Klavierspieler betrifft, seien jedoch einige Namen genannt, die man sich aufgrund ihrer qualitativ ziemlich hochwertigen CD-Aufnahmen (zumindest als Clementi-Verehrer) gut merken sollte: die New Yorkerin Susan Alexander-Max, eine Spezialistin für die frühen Clementi-Sonaten, von denen sie insgesamt zehn auf zwei CDs eingespielt hat, der Venezianer Pietro de Maria (geb. 1967), ein Gewinner des *Concours Géza Anda*, der die *Drei Klaviersonaten Opus 40* aufgenommen hat, und der in Budapest geborene Balázs Szokolay (geb. 1961), der verschiedene Sonatinen und Sonaten eingespielt und viele davon auch mit eigenen Kadenzen versehen hat. Die insgesamt vier CDs dieser Pianisten sind alle bei *Naxos* erschienen. Doch gibt es auch hörenswerte Clementi-Einspielungen von anderen Billiglabels. Hier muss vor allem der italienische Pianist Vittorio Forte (geb. 1977) genannt werden, denn mit seiner im Juni 2009 herausgebrachten großartigen CD, die zwei Sonaten, ein Capriccio und die *Fantasia Opus 48* enthält, ist er der einzige (noch unbekannte) junge Klavierspieler, der sich für den Aufstieg Clementis in die Reihe der großen Klavierkomponisten einsetzt.

Weitere „namenlose", aber nichtsdestoweniger bedeutungsvolle (CD-)Interpreten von Clementis Werken für Soloklavier sind Tanya Bannister (*Naxos*), Richard Burnett (*AmonRa*), Nikolai Demidenko (geb. 1955; *Hyperion*), dessen gut gelungene Einspielung man als sehr virtuos bezeichnen kann, und der Belgier Jos van Immerseel (geb. 1945; *Accent*) sowie Stefan Irmer (*MDG*), Peter Katin (geb. 1930; *Diversions*), Martin Roscoe (geb. 1952; *CRD*), der auch als Dirigent tätige Howard Shelley (geb. 1950; *Hyperion*), der bis jetzt vier hochwertige Clementi-CDs herausgebracht hat, die aber nur die ersten Teile einer Gesamteinspielung der Sonaten des Italieners darstellen. Außerdem sind Edoardo Torbianelli (geb. 1970; *Pan*), der für seine Aufnahme wie Burnett einen Flügel von *Clementi & Co.* verwendete, und Costantino Mastroprimiano (geb. 1964; *Brilliant*) zu nennen. Letzterer beschrieb die Bedeutung des Italieners als Klavierkomponist übrigens so: „Der temperamentvolle Clementi nimmt die kulturelle Einheit Europas im Namen der Musik und des Hammerflügels vorweg."

Einigermaßen bekannte Pianisten, die Erfahrungen mit Clementis Werken gesammelt haben, sind der bereits erwähnte Pietro Spada, der das gesamte Klavierwerk des Italieners auf 18 CDs aufnahm, der auf historische Instrumente fixierte Andreas Staier, der auf seiner 1999 eingespielten hervorragenden Clementi-CD einen Flügel von *Broadwood* aus dem Jahr 1802 verwendete, und Maria Tipo, eine

Casella-Schülerin, die als erste – noch vor Spada – sämtliche Clementi-Sonaten aufnahm. Das Spiel der Neapolitanerin, die sich auf Bach, Mozart und die italienische Tastenmusik des 18. Jahrhunderts spezialisiert hat, wurde von Martha Argerich einmal als „sensationell" gelobt.

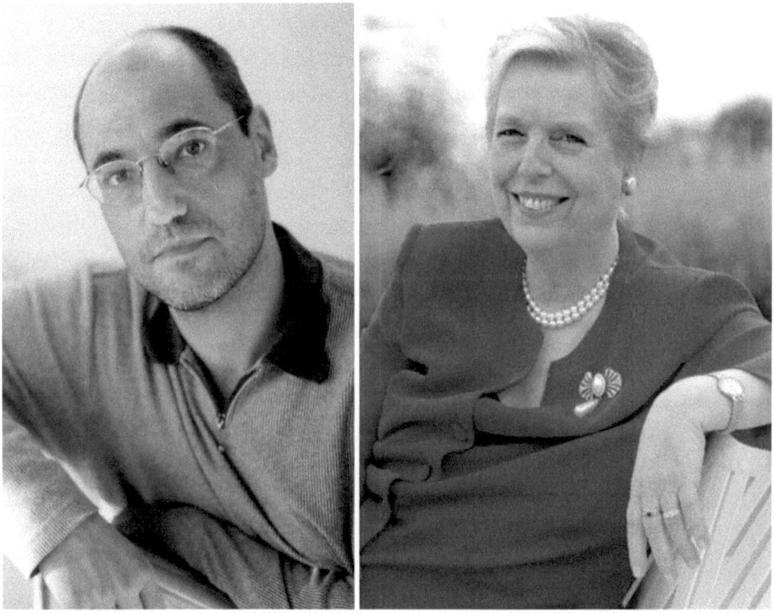

Andreas Staier (geb. 1955; anonyme Photographie) und Maria Tipo (geb. 1931; anonyme Photographie)

Es existieren auch Einspielungen von Clementis Sonaten für Klavier und Violine, die zum ersten Mal von Manuel de Col und Stefano Grossi aufgenommen wurden, und von den Sonaten für Klavier und Flöte, die erstmals von Andrea Coen und Laura Pontecorvo eingespielt wurden (beide CDs sind bei *Dynamic* erschienen). Außerdem liegen vor: eine gut gelungene *Gradus-ad-Parnassum*-Gesamtaufnahme von *Arts* (mit Andrea Bacchetti, Bruno Canino, Luca Rasca, Francesco Cipolletta, Maurizio Baglini, Paolo Zannini, Gianluca Luisi, Enrico Pompili, Roberto Prosseda und Marco Sollini), eine komplette Einspielung der Kammermusik von *Brilliant* (mit Pietro Spada am Klavier, dem Violinisten Vincenzo Bolognese, dem Flötisten Gianni Biocotino und dem Cellisten Andrea Bergamelli) sowie eine

Genuin-Aufnahme vom *Nonett Es-Dur WO 30* mit dem Potsdamer *Persius-Ensemble* vor. Überdies spielte 2002 das gefeierte Klavierduo *Genova & Dimitrov* (Aglika Genova und Liuben Dimitrov) für *cpo* Duos für zwei Klaviere und Klavier vierhändig ein.

Was die Orchestermusik betrifft, liegen folgende Tonträger vor: eine recht hochwertige Einspielung der *Symphonie Nr. 1 C-Dur WO 32* und der *Zwei Symphonien Opus 18* mit dem ältesten Kammerorchester Englands, den *London Mozart Players*, unter der Leitung des Schweizers Matthias Bamert, die 1993 bei *Chandos* in der Serie *Contemporaries of Mozart* (*Zeitgenossen Mozarts*) erschienen ist, sowie sämtliche Orchesterwerke (inklusive dem Klavierkonzert mit Pietro Spada als Solist) mit dem erfahrenen Londoner Symphonieorchester *The Philharmonia* unter der Stabführung des Neapolitaners Francesco d'Avalos aus dem Jahr 1992 (wie die Gesamteinspielung der Kammermusik bei *Brilliant* erschienen).

Bereits 1978 hatte *The Philharmonia* (damals noch *Philharmonia Orchestra* genannt) die Symphonien Nr. 1–4 unter der Leitung des Paduaners Claudio Scimone eingespielt (*Apex*). Dieser hat schon viele vergessene Werke (von Vivaldi, Tartini, Albinoni, Mercadante usw.) wiederentdeckt und dementsprechend war er auch der erste Dirigent überhaupt, der sich für Clementi-Symphonien eingesetzt hat.

Letztendlich kann man nur hoffen, dass in Zukunft immer mehr CDs mit Clementi-Musik auf den Markt kommen und dass sich vor allem die bekannten Pianisten und Dirigenten seinen Werken annehmen werden, damit der Italiener irgendwann als eine Persönlichkeit anerkannt wird, die der Kreativität und Originalität seiner heute viel bekannteren Zeitgenossen durchaus ebenbürtig ist.

Nun zum letzten Punkt dieses Kapitels: Verlage und Noten. Zu Lebzeiten hatte Clementi nie große Probleme mit Verlagen, vor allem natürlich, weil er ab etwa 1800 selbst einen der angesehensten leitete. Doch diese Tatsache änderte auch nichts daran, dass die Kompositionen des Italieners bei anderen Musikveröffentlichungsunternehmen ebenfalls sehr gefragt waren; so brachte der Leipziger Verlag

Breitkopf & Härtel zwischen 1803 und 1819 Clementis *Œuvres complettes* in 18 Bänden heraus, eine seltene Ehre, die zuvor nur Haydn und Mozart widerfahren war.

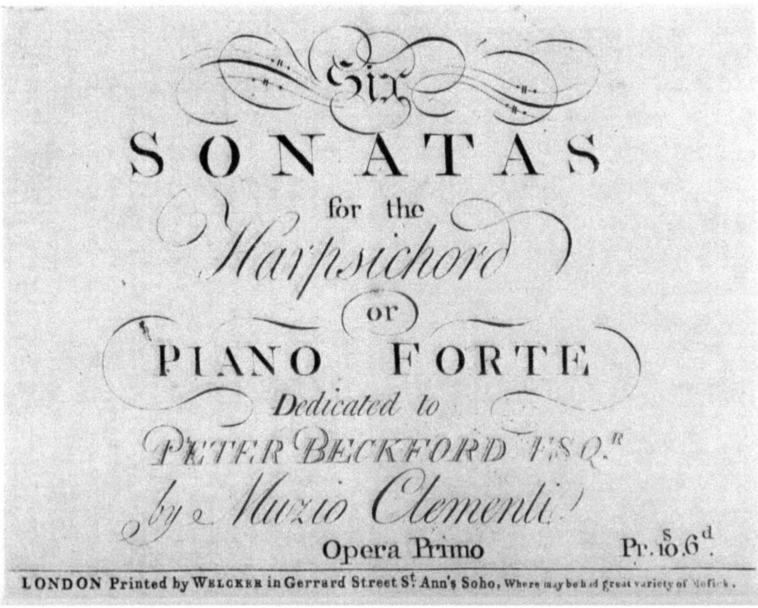

Die Titelseite der Erstausgabe der *Sechs Klaviersonaten Opus 1*, dem ersten (von *Welcker*) veröffentlichten Werk Clementis

Heutzutage sind im Vergleich zu Mozart, Beethoven oder Chopin zwar leider nur relativ wenig Clementi-Noten erhältlich, aber zumindest von seinen Klaviersonaten gibt es einige gute Neuausgaben. Die Verlage, die diese Neuausgaben herausgebracht haben und es in Zukunft hoffentlich weiterhin tun werden, sind das 1948 gegründete Unternehmen *Henle*, welches dank seiner blauen Urtextausgaben von Musikern aus aller Welt geschätzt wird, die *Edition Peters* aus Leipzig und Frankfurt am Main sowie der 1770 gegründete Mainzer Verlag *Schott*.

Von größter Bedeutung ist ferner das Projekt *Muzio Clementi – Opera Omnia*, eine 15-bändige Gesamtausgabe aller (!) Werke Clementis vom Bologneser Verlag *Orpheus Edizioni*, welche am 20. März 2008 in einer festlichen Zeremonie im römischen Ministerium zur Italienischen Nationaledition erklärt wurde. Anwesend bei jener Zeremonie, die zweifellos einen sehr wichtigen Schritt auf dem Wege des Wiederentdeckens von Clementi darstellt, waren der Untersekretär des italienischen Staates (Andrea Marcucci), sowie der Generaldirektor der bibliothekarischen Erbschaft und kulturellen Einrichtungen (Dr. Maurizio Fallace). Außerdem waren natürlich die Urheber des Projekts versammelt, wichtige Clementi-„Ausgräber", deren Namen zum Teil in diesem Buch schon erwähnt wurden: Andrea Coen (Rom), Roberto de Caro (Bologna), Roberto Illiano (Lucca), Leon Plantinga (New Haven), David Rowland (Milton Keynes), Luca Sala (Cremona), Massimiliano Sala (Pistoia), Rohan H. Stewart-MacDonald (Cambridge) und Valeria Tarsetti (Bologna).

Kapitel X: Werkverzeichnis

Clementis Gesamtwerk ist zwar nicht ganz so umfangreich wie das seiner Zeitgenossen Haydn, Mozart, Beethoven und Schubert, doch ist es deshalb nicht weniger vielseitig. An dieser Stelle werden nun einmal alle Kompositionen des Italieners aufgezählt: 106 Klaviersonaten (davon 47 mit Begleitung von Violine, von Flöte, von Violine und Cello oder von Flöte und Cello), die *Musical Characteristics*, das Etüdenwerk *Gradus ad Parnassum*, eine Toccata, ein Rondo, eine Tarantella, ein Allegro und ein Finale, außerdem insgesamt 18 Monferrinas sowie fünf Capriccios, sechs Sonatinen, eine Fantasia, Variationen (über *„The Black Joke"*, eine bekannte englische Melodie, über ein Menuett von einem gewissen Collick und über ein Thema aus Mozarts *Don Giovanni*) sowie einen Kanon; ferner zwölf Duos für Klavier vierhändig, zwei Duos für zwei Klaviere, 24 Walzer für Klavier, Triangel und Tamburin sowie ein Klavierkonzert. An Werken, die nicht für Klavier verfasst wurden, fehlt es in seinem Werkverzeichnis aber auch nicht: Von ihm stammen sechs Symphonien, zwei Konzertouvertüren und ein *Minuetto pastorale* (ebenfalls für Orchester), darüber hinaus ein *Rondò per il Ceccarelli* für Sopran und Klavier, zwei Canzonetten für die gleiche Besetzung und *14 Melodies of Different Nations* (*14 Melodien verschiedener Nationen*) für Singstimme und Klavier, ein Kanon für zwei Violinen und

Bratsche (*Canone per Cherubini*) sowie ein von Spada komplettiertes Nonett-Fragment für Flöte, Oboe, Klarinette, Fagott, Horn, Violine, Bratsche, Cello und Kontrabass. Überdies arrangierte Clementi Mozarts bekannte g-Moll-Symphonie (KV 550) für Klavier, Flöte, Violine und Cello.

Bisher noch nicht erwähnt wurde Clementis WO 7, die *Praktische Harmonielehre für Orgel oder Klavier* (Originaltitel: *Selection of Practical Harmony*), eine vierbändige Auswahl instruktiver Stücke von 25 diversen Komponisten (Albrechtsberger, Johann Sebastian Bach und dessen Söhne, Corelli, Giovanni Battista Martini, Mozart etc.), die der Italiener gesammelt, teilweise arrangiert und dann auch in seinem Verlag publiziert hatte (in den Jahren 1801, 1802, 1811 und 1814). Diese Arbeit Clementis muss als sehr bedeutend eingestuft werden, da sie erstens beweist, dass der Italiener ein eifriger Anhänger und Wiederentdecker belehrender alter (oft auch polyphoner) Musik war und zweitens tatsächlich die allererste Tonkunstdenkmäler-Edition darstellt.

Die Kompositionen Clementis in einem vollständigen und makellosen Werkverzeichnis unterzubringen, ist keine leichte Aufgabe, da zu Lebzeiten des Italieners dieselben Werke oft diverse Opuszahlen erhielten oder ein und dieselbe Opuszahl für unterschiedliche Kompositionen stand. Dies ist aus heutiger Sicht zwar sehr verwirrend, zeigt aber, wie populär der Italiener seit 1780 in Europa war. Heutzutage richtet man sich jedenfalls nach einem Werkverzeichnis des Musikwissenschaftlers Alan Tyson (1926–2000) aus dem Jahr 1967. Dieses Werkverzeichnis nennt sich *Thematic Catalogue of the Works of Muzio Clementi* (*Thematischer Katalog der Werke von Muzio Clementi*). Die folgende Auflistung sämtlicher Clementi-Kompositionen stellt diesen Tyson-Katalog in einer vom Autor dieses Buches bearbeiteten und ergänzten Fassung dar:

Opus 1 – Sechs Klaviersonaten (1771)
Opus 1 Nr. 1 – Klaviersonate Es-Dur (1771)
Opus 1 Nr. 2 – Klaviersonate G-Dur (1771)
Opus 1 Nr. 3 – Klaviersonate B-Dur (1771)
Opus 1 Nr. 4 – Klaviersonate F-Dur (1771)

Opus 1 Nr. 5 – Klaviersonate A-Dur (1771)
Opus 1 Nr. 6 – Klaviersonate E-Dur (1771)

Œuvre 1 – Fünf Klaviersonaten und ein Duo für zwei Klaviere (1780/81)

Œuvre 1 Nr. 1 – Klaviersonate F-Dur (1780/81)
Œuvre 1 Nr. 2 – Klaviersonate B-Dur (1780/81)
Œuvre 1 Nr. 3 – Klaviersonate G-Dur (1780/81)
Œuvre 1 Nr. 4 – Klaviersonate A-Dur (1780/81)
Œuvre 1 Nr. 5 – Klaviersonate (1780/81)
Œuvre 1 Nr. 6 – Duo für zwei Klaviere B-Dur (1780/81)

Opus 2 – Sechs Sonaten (1779)

Opus 2 Nr. 1 – Sonate für Klavier und Violine (oder Flöte) Es-Dur (1779)
Opus 2 Nr. 2 – Klaviersonate C-Dur (1779)
Opus 2 Nr. 3 – Sonate für Klavier und Violine (oder Flöte) G-Dur (1779)
Opus 2 Nr. 4 – Klaviersonate A-Dur (1779)
Opus 2 Nr. 5 – Sonate für Klavier und Violine (oder Flöte) F-Dur (1779)
Opus 2 Nr. 6 – Klaviersonate B-Dur (1779)

Opus 3 – Drei Duos für Klavier vierhändig und drei Sonaten für Klavier und Violine (oder Flöte; 1779)

Opus 3 Nr. 1 – Duo für Klavier vierhändig C-Dur (1779)
Opus 3 Nr. 2 – Duo für Klavier vierhändig Es-Dur (1779)
Opus 3 Nr. 3 – Duo für Klavier vierhändig C-Dur (1779)
Opus 3 Nr. 4 – Sonate für Klavier und Violine (oder Flöte) F-Dur (1779)
Opus 3 Nr. 5 – Sonate für Klavier und Violine (oder Flöte) B-Dur (1779)
Opus 3 Nr. 6 – Sonate für Klavier und Violine (oder Flöte) C-Dur (1779)

Opus 4 – Sechs Sonaten für Klavier und Violine (oder Flöte; 1780)

Opus 4 Nr. 1 – Sonate für Klavier und Violine (oder Flöte) D-Dur (1780)
Opus 4 Nr. 2 – Sonate für Klavier und Violine (oder Flöte) Es-Dur (1780)
Opus 4 Nr. 3 – Sonate für Klavier und Violine (oder Flöte) C-Dur

(1780)

Opus 4 Nr. 4 – Sonate für Klavier und Violine (oder Flöte) C-Dur (1780)

Opus 4 Nr. 5 – Sonate für Klavier und Violine (oder Flöte) B-Dur (1780)

Opus 4 Nr. 6 – Sonate für Klavier und Violine (oder Flöte) F-Dur (1780)

Opus 5 – Drei Sonaten für Klavier und Violine (1780/81)

Opus 5 Nr. 1 – Sonate für Klavier und Violine B-Dur (1780/81)

Opus 5 Nr. 2 – Sonate für Klavier und Violine F-Dur (1780/81)

Opus 5 Nr. 3 – Sonate für Klavier und Violine Es-Dur (1780/81)

Opus 6 – Zwei Sonaten für Klavier und Violine und ein Duo für Klavier vierhändig (1780/81)

Opus 6 Nr. 1 – Sonate für Klavier und Violine Es-Dur (1780/81)

Opus 6 Nr. 2 – Sonate für Klavier und Violine E-Dur (1780/81)

Opus 6 Nr. 3 – Duo für Klavier vierhändig C-Dur (1780/81)

Opus 7 – Drei Klaviersonaten (1782)

Opus 7 Nr. 1 – Klaviersonate Es-Dur (1782)

Opus 7 Nr. 2 – Klaviersonate C-Dur (1782)

Opus 7 Nr. 3 – Klaviersonate g-Moll (1782)

Opus 8 – Drei Klaviersonaten (1782)

Opus 8 Nr. 1 – Klaviersonate g-Moll (1782)

Opus 8 Nr. 2 – Klaviersonate Es-Dur (1782)

Opus 8 Nr. 3 – Klaviersonate B-Dur (1782)

Opus 9 – Drei Klaviersonaten (1783)

Opus 9 Nr. 1 – Klaviersonate B-Dur (1783)

Opus 9 Nr. 2 – Klaviersonate C-Dur (1783)

Opus 9 Nr. 3 – Klaviersonate Es-Dur (1783)

Opus 10 – Drei Klaviersonaten (1783)

Opus 10 Nr. 1 – Klaviersonate A-Dur (1783)

Opus 10 Nr. 2 – Klaviersonate D-Dur (1783)

Opus 10 Nr. 3 – Klaviersonate B-Dur (1783)

Opus 11 – Sonate und Toccata für Klavier (1784)

Opus 11 Nr. 1 – Klaviersonate Es-Dur (1784)

Opus 11 Nr. 2 – Toccata für Klavier B-Dur (1784)

Opus 12 – Vier Klaviersonaten und ein Duo für zwei Klaviere (1784)

Opus 12 Nr. 1 – Klaviersonate B-Dur (1784)

Opus 12 Nr. 2 – Klaviersonate Es-Dur (1784)
Opus 12 Nr. 3 – Klaviersonate F-Dur (1784)
Opus 12 Nr. 4 – Klaviersonate Es-Dur (1784)
Opus 12 Nr. 5 – Duo für zwei Klaviere B-Dur (1784)

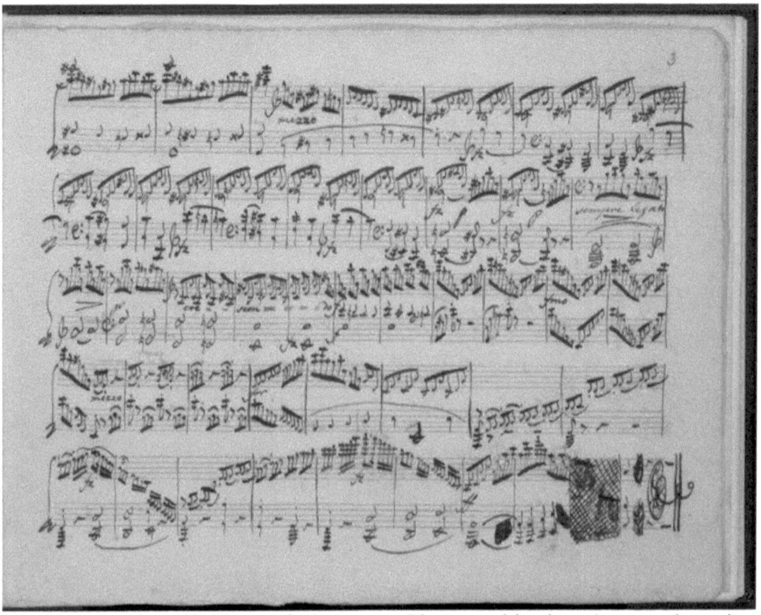

Die Notenhandschrift Clementis (anonyme Photographie einer Autographenseite, 2007)

Opus 13 – Sechs Sonaten (1785)
Opus 13 Nr. 1 – Sonate für Klavier und Violine (oder Flöte) G-Dur (1785)
Opus 13 Nr. 2 – Sonate für Klavier und Violine (oder Flöte) C-Dur (1785)
Opus 13 Nr. 3 – Sonate für Klavier und Violine (oder Flöte) Es-Dur (1785)
Opus 13 Nr. 4 – Klaviersonate B-Dur (1785)
Opus 13 Nr. 5 – Klaviersonate F-Dur (1785)
Opus 13 Nr. 6 – Klaviersonate f-Moll (1785)
Opus 14 – Drei Duos für Klavier vierhändig (1786)
Opus 14 Nr. 1 – Duo für Klavier vierhändig C-Dur (1786)
Opus 14 Nr. 2 – Duo für Klavier vierhändig F-Dur (1786)

Opus. 14 Nr. 3 – Duo für Klavier vierhändig Es-Dur (1786)
Opus 15 – Drei Sonaten für Klavier und Violine (1786)
Opus 15 Nr. 1 – Sonate für Klavier und Violine Es-Dur (1786)
Opus 15 Nr. 2 – Sonate für Klavier und Violine C-Dur (1786)
Opus 15 Nr. 3 – Sonate für Klavier und Violine B-Dur (1786)
Opus 16 – Klaviersonate D-Dur „La Chasse“ (1786)
Opus 17 – Capriccio für Klavier B-Dur (1787)
Opus 18 – Zwei Symphonien (1787)
Opus 18 Nr. 1 – Symphonie B-Dur (1787)
Opus 18 Nr. 2 – Symphonie D-Dur (1787)
Opus 19 – Musical Characteristics (1787)
Opus 19 Nr. 1 – Preludio alla Haydn I (1787)
Opus 19 Nr. 2 – Preludio alla Haydn II (1787)
Opus 19 Nr. 3 – Preludio alla Mozart I (1787)
Opus 19 Nr. 4 – Preludio alla Mozart II (1787)
Opus 19 Nr. 5 – Preludio alla Kozeluch I (1787)
Opus 19 Nr. 6 – Preludio alla Kozeluch II (1787)
Opus 19 Nr. 7 – Preludio alla Sterkel I (1787)
Opus 19 Nr. 8 – Preludio alla Sterkel II (1787)
Opus 19 Nr. 9 – Preludio alla Vanhal I (1787)
Opus 19 Nr. 10 – Preludio alla Vanhal II (1787)
Opus 19 Nr. 11 – Preludio alla Clementi I (1787)
Opus 19 Nr. 12 – Preludio alla Clementi II (1787)
Opus 19 Nr. 13 – Cadenza alla Haydn (1787)
Opus 19 Nr. 14 – Cadenza alla Mozart (1787)
Opus 19 Nr. 15 – Cadenza alla Kozeluch (1787)
Opus 19 Nr. 16 – Cadenza alla Sterkel (1787)
Opus 19 Nr. 17 – Cadenza alla Vanhal (1787)
Opus 19 Nr. 18 – Cadenza alla Clementi (1787)
Opus 20 – Klaviersonate C-Dur (1787)
Opus 21 – Drei Sonaten für Klavier, Flöte und Cello (1788)
Opus 21 Nr. 1 – Sonate für Klavier, Flöte und Cello D-Dur (1788)
Opus 21 Nr. 2 – Sonate für Klavier, Flöte und Cello G-Dur (1788)
Opus 21 Nr. 3 – Sonate für Klavier, Flöte und Cello C-Dur (1788)
Opus 22 – Drei Sonaten für Klavier, Violine (oder Flöte) und Cello (1788)
Opus 22 Nr. 1 – Sonate für Klavier, Violine (oder Flöte) und Cello D-Dur (1788)

Opus 22 Nr. 2 – Sonate für Klavier, Violine (oder Flöte) und Cello G-Dur (1788)
Opus 22 Nr. 3 – Sonate für Klavier, Violine (oder Flöte) und Cello C-Dur „La Chasse“ (1788)
Opus 23 – Drei Klaviersonaten (1790)
Opus 23 Nr. 1 – Klaviersonate Es-Dur (1790)
Opus 23 Nr. 2 – Klaviersonate F-Dur (1790)
Opus 23 Nr. 3 – Klaviersonate Es-Dur (1790)
Opus 24 – Zwei Klaviersonaten (1788/89)
Opus 24 Nr. 1 – Klaviersonate F-Dur (1788/89)
Opus 24 Nr. 2 – Klaviersonate B-Dur (1788/89)
Opus 25 – Sechs Klaviersonaten (1790)
Opus 25 Nr. 1 – Klaviersonate C-Dur (1790)
Opus 25 Nr. 2 – Klaviersonate G-Dur (1790)
Opus 25 Nr. 3 – Klaviersonate B-Dur (1790)
Opus 25 Nr. 4 – Klaviersonate A-Dur (1790)
Opus 25 Nr. 5 – Klaviersonate fis-Moll (1790)
Opus 25 Nr. 6 – Klaviersonate D-Dur (1790)
Opus 26 – Klaviersonate F-Dur (1791)
Opus 27 – Drei Sonaten für Klavier, Violine und Cello (1791)
Opus 27 Nr. 1 – Sonate für Klavier, Violine und Cello C-Dur (1791)
Opus 27 Nr. 2 – Sonate für Klavier, Violine und Cello D-Dur (1791)
Opus 27 Nr. 3 – Sonate für Klavier, Violine und Cello G-Dur (1791)
Opus 28 – Drei Sonaten für Klavier, Violine und Cello (1792)
Opus 28 Nr. 1 – Sonate für Klavier, Violine und Cello G-Dur (1792)
Opus 28 Nr. 2 – Sonate für Klavier, Violine und Cello Es-Dur (1792)
Opus 28 Nr. 3 – Sonate für Klavier, Violine und Cello G-Dur (1792)
Opus 29 – Drei Sonaten für Klavier, Violine (oder Flöte) und Cello (1793)
Opus 29 Nr. 1 – Sonate für Klavier, Violine (oder Flöte) und Cello C-Dur (1793)
Opus 29 Nr. 2 – Sonate für Klavier, Violine (oder Flöte) und Cello G-Dur (1793)
Opus 29 Nr. 3 – Sonate für Klavier, Violine (oder Flöte) und Cello D-Dur (1793)
Opus 30 – Sonate für Klavier und Violine C-Dur (1794)
Opus 31 – Sonate für Klavier und Flöte A-Dur (1794)

Opus 32 – Drei Sonaten für Klavier, Flöte und Cello (1793)
Opus 32 Nr. 1 – Sonate für Klavier, Flöte und Cello F-Dur (1793)
Opus 32 Nr. 2 – Sonate für Klavier, Flöte und Cello D-Dur (1793)
Opus 32 Nr. 3 – Sonate für Klavier, Flöte und Cello C-Dur (1793)
Opus 33 – Drei Klaviersonaten (1794)
Opus 33 Nr. 1 – Klaviersonate A-Dur (1794)
Opus 33 Nr. 2 – Klaviersonate F-Dur (1794)
Opus 33 Nr. 3 – Sonata quasi Concerto für Klavier C-Dur (1794)
Opus 34 – Zwei Sonaten und zwei Capriccios für Klavier (1795)
Opus 34 Nr. 1 – Klaviersonate C-Dur (1795)
Opus 34 Nr. 2 – Klaviersonate g-Moll (1795)
Opus 34 Nr. 3 – Capriccio für Klavier A-Dur (1795)
Opus 34 Nr. 4 – Capriccio für Klavier F-Dur (1795)
Opus 35 – Drei Sonaten für Klavier, Violine und Cello (1796)
Opus 35 Nr. 1 – Sonate für Klavier, Violine und Cello C-Dur (1796)
Opus 35 Nr. 2 – Sonate für Klavier, Violine und Cello G-Dur (1796)
Opus 35 Nr. 3 – Sonate für Klavier, Violine und Cello D-Dur „La Chasse“ (1796)
Opus 36 – Sechs progressive Sonatinen für Klavier (1797)
Opus 36 Nr. 1 – Sonatine für Klavier C-Dur (1797)
Opus 36 Nr. 2 – Sonatine für Klavier G-Dur (1797)
Opus 36 Nr. 3 – Sonatine für Klavier C-Dur (1797)
Opus 36 Nr. 4 – Sonatine für Klavier F-Dur (1797)
Opus 36 Nr. 5 – Sonatine für Klavier G-Dur (1797)
Opus 36 Nr. 6 – Sonatine für Klavier D-Dur (1797)
Opus 37 – Drei Klaviersonaten (1798)
Opus 37 Nr. 1 – Sonate für Klavier C-Dur (1798)
Opus 37 Nr. 2 – Sonate für Klavier G-Dur (1798)
Opus 37 Nr. 3 – Sonate für Klavier D-Dur (1798)
Opus 38 – Zwölf Walzer für Klavier, Triangel und Tamburin (1799)
Opus 39 – Zwölf Walzer für Klavier, Triangel und Tamburin (1800)
Opus 40 – Drei Klaviersonaten (1802)
Opus 40 Nr. 1 – Klaviersonate G-Dur (1802)
Opus 40 Nr. 2 – Klaviersonate h-Moll (1802)
Opus 40 Nr. 3 – Klaviersonate D-Dur (1802)
Opus 41 – Klaviersonate Es-Dur (1804)

Opus 42 – Einleitung zu The Art of Playing on the Piano Forte (1801)

Opus 43 – Anhang zur Einleitung zu The Art of Playing on the Piano Forte (1811)

Opus 44 – Gradus ad Parnassum or The Art of Playing on the Piano Forte (1817–1826)

Opus 44 Nr. 1 – Etüde F-Dur (1817–1826)
Opus 44 Nr. 2 – Etüde F-Dur (1817–1826)
Opus 44 Nr. 3 – Etüde F-Dur (1817–1826)
Opus 44 Nr. 4 – Etüde F-Dur (1817–1826)
Opus 44 Nr. 5 – Etüde B-Dur (1817–1826)
Opus 44 Nr. 6 – Etüde B-Dur (1817–1826)
Opus 44 Nr. 7 – Etüde D-Dur (1817–1826)
Opus 44 Nr. 8 – Etüde D-Dur (1817–1826)
Opus 44 Nr. 9 – Etüde (Präludium) A-Dur (1817–1826)
Opus 44 Nr. 10 – Etüde (Kanon) C-Dur (1817–1826)
Opus 44 Nr. 11 – Etüde A-Dur (1817–1826)
Opus 44 Nr. 12 – Etüde (Präludium) C-Dur (1817–1826)
Opus 44 Nr. 13 – Etüde (Fuge) C-Dur (1817–1826)
Opus 44 Nr. 14 – Etüde F-Dur (1817–1826)
Opus 44 Nr. 15 – Etüde (Finale) C-Dur (1817–1826)
Opus 44 Nr. 16 – Etüde C-Dur (1817–1826)
Opus 44 Nr. 17 – Etüde C-Dur (1817–1826)
Opus 44 Nr. 18 – Etüde F-Dur (1817–1826)
Opus 44 Nr. 19 – Etüde a-Moll (1817–1826)
Opus 44 Nr. 20 – Etüde D-Dur (1817–1826)
Opus 44 Nr. 21 – Etüde Es-Dur (1817–1826)
Opus 44 Nr. 22 – Etüde As-Dur (1817–1826)
Opus 44 Nr. 23 – Etüde C-Dur (1817–1826)
Opus 44 Nr. 24 – Etüde fis-Moll (1817–1826)
Opus 44 Nr. 25 – Etüde h-Moll (1817–1826)
Opus 44 Nr. 26 – Etüde (Kanon) h-Moll (1817–1826)
Opus 44 Nr. 27 – Etüde H-Dur (1817–1826)
Opus 44 Nr. 28 – Etüde H-Dur (1817–1826)
Opus 44 Nr. 29 – Etüde H-Dur (1817–1826)
Opus 44 Nr. 30 – Etüde e-Moll (1817–1826)
Opus 44 Nr. 31 – Etüde C-Dur (1817–1826)
Opus 44 Nr. 32 – Etüde C-Dur (1817–1826)

Opus 44 Nr. 33 – Etüde (Kanon) C-Dur (1817–1826)
Opus 44 Nr. 34 – Etüde a-Moll (1817–1826)
Opus 44 Nr. 35 – Etüde A-Dur (1817–1826)
Opus 44 Nr. 36 – Etüde A-Dur (1817–1826)
Opus 44 Nr. 37 – Etüde (Präludium) F-Dur (1817–1826)
Opus 44 Nr. 38 – Etüde F-Dur (1817–1826)
Opus 44 Nr. 39 – Etüde B-Dur (1817–1826)
Opus 44 Nr. 40 – Etüde (Fuge) F-Dur (1817–1826)
Opus 44 Nr. 41 – Etüde (Finale) F-Dur (1817–1826)
Opus 44 Nr. 42 – Etüde f-Moll (1817–1826)
Opus 44 Nr. 43 – Etüde (Fuge) f-Moll (1817–1826)
Opus 44 Nr. 44 – Etüde f-Moll (1817–1826)
Opus 44 Nr. 45 – Etüde c-Moll (1817–1826)
Opus 44 Nr. 46 – Etüde c-Moll (1817–1826)
Opus 44 Nr. 47 – Etüde B-Dur (1817–1826)
Opus 44 Nr. 48 – Etüde g-Moll (1817–1826)
Opus 44 Nr. 49 – Etüde G-Dur (1817–1826)
Opus 44 Nr. 50 – Etüde G-Dur (1817–1826)
Opus 44 Nr. 51 – Etüde d-Moll (1817–1826)
Opus 44 Nr. 52 – Etüde d-Moll (1817–1826)
Opus 44 Nr. 53 – Etüde d-Moll (1817–1826)
Opus 44 Nr. 54 – Etüde (Fuge) d-Moll (1817–1826)
Opus 44 Nr. 55 – Etüde (Finale) d-Moll (1817–1826)
Opus 44 Nr. 56 – Etüde b-Moll (1817–1826)
Opus 44 Nr. 57 – Etüde (Fuge) B-Dur (1817–1826)
Opus 44 Nr. 58 – Etüde (Finale) B-Dur (1817–1826)
Opus 44 Nr. 59 – Etüde Ges-Dur (1817–1826)
Opus 44 Nr. 60 – Etüde es-Moll (1817–1826)
Opus 44 Nr. 61 – Etüde Es-Dur (1817–1826)
Opus 44 Nr. 62 – Etüde Es-Dur (1817–1826)
Opus 44 Nr. 63 – Etüde (Kanon) Es-Dur (1817–1826)
Opus 44 Nr. 64 – Etüde B-Dur (1817–1826)
Opus 44 Nr. 65 – Etüde F-Dur (1817–1826)
Opus 44 Nr. 66 – Etüde A-Dur (1817–1826)
Opus 44 Nr. 67 – Etüde (Kanon) A-Dur (1817–1826)
Opus 44 Nr. 68 – Etüde A-Dur (1817–1826)
Opus 44 Nr. 69 – Etüde (Fuge) a-Moll (1817–1826)
Opus 44 Nr. 70 – Etüde (Scherzo) A-Dur (1817–1826)

Opus 44 Nr. 71 – Etüde E-Dur (1817–1826)
Opus 44 Nr. 72 – Etüde e-Moll (1817–1826)
Opus 44 Nr. 73 – Etüde (Kanon) E-Dur (1817–1826)
Opus 44 Nr. 74 – Etüde (Fuge) e-Moll (1817–1826)
Opus 44 Nr. 75 – Etüde (Kanon) E-Dur (1817–1826)
Opus 44 Nr. 76 – Etüde (Finale) E-Dur (1817–1826)
Opus 44 Nr. 77 – Etüde G-Dur (1817–1826)
Opus 44 Nr. 78 – Etüde G-Dur (1817–1826)
Opus 44 Nr. 79 – Etüde g-Moll (1817–1826)
Opus 44 Nr. 80 – Etüde (Capriccio) G-Dur (1817–1826)
Opus 44 Nr. 81 – Etüde (Finale) G-Dur (1817–1826)
Opus 44 Nr. 82 – Etüde (Scherzo) D-Dur (1817–1826)
Opus 44 Nr. 83 – Etüde h-Moll (1817–1826)
Opus 44 Nr. 84 – Etüde D-Dur (1817–1826)
Opus 44 Nr. 85 – Etüde d-Moll (1817–1826)
Opus 44 Nr. 86 – Etüde D-Dur (1817–1826)
Opus 44 Nr. 87 – Etüde (Finale) D-Dur (1817–1826)
Opus 44 Nr. 88 – Etüde H-Dur (1817–1826)
Opus 44 Nr. 89 – Etüde h-Moll (1817–1826)
Opus 44 Nr. 90 – Etüde (Fuge) H-Dur (1817–1826)
Opus 44 Nr. 91 – Etüde H-Dur (1817–1826)
Opus 44 Nr. 92 – Etüde (Finale) H-Dur (1817–1826)
Opus 44 Nr. 93 – Etüde As-Dur (1817–1826)
Opus 44 Nr. 94 – Etüde F-Dur (1817–1826)
Opus 44 Nr. 95 – Etüde C-Dur (1817–1826)
Opus 44 Nr. 96 – Etüde c-Moll (1817–1826)
Opus 44 Nr. 97 – Etüde (Scherzo) C-Dur (1817–1826)
Opus 44 Nr. 98 – Etüde fis-Moll (1817–1826)
Opus 44 Nr. 99 – Etüde h-Moll (1817–1826)
Opus 44 Nr. 100 – Etüde E-Dur (1817–1826)
Opus 45 – Klaviersonate
Opus 46 – Klaviersonate B-Dur (1820)
Opus 47 – Zwei Capriccios für Klavier (1821)
Opus 47 Nr. 1 – Capriccio für Klavier e-Moll (1821)
Opus 47 Nr. 2 – Capriccio für Klavier C-Dur (1821)
Opus 48 – Fantasia mit Variationen über „Au Clair de la Lune“ für Klavier (1821)
Opus 49 – Zwölf Monferrinas für Klavier (1821)

Opus 49 Nr. 1 – Monferrina für Klavier G-Dur (1821)
Opus 49 Nr. 2 – Monferrina für Klavier C-Dur (1821)
Opus 49 Nr. 3 – Monferrina für Klavier E-Dur (1821)
Opus 49 Nr. 4 – Monferrina für Klavier C-Dur (1821)
Opus 49 Nr. 5 – Monferrina für Klavier A-Dur (1821)
Opus 49 Nr. 6 – Monferrina für Klavier d-Moll (1821)
Opus 49 Nr. 7 – Monferrina für Klavier D-Dur (1821)
Opus 49 Nr. 8 – Monferrina für Klavier B-Dur (1821)
Opus 49 Nr. 9 – Monferrina für Klavier G-Dur (1821)
Opus 49 Nr. 10 – Monferrina für Klavier C-Dur (1821)
Opus 49 Nr. 11 – Monferrina für Klavier F-Dur (1821)
Opus 49 Nr. 12 – Monferrina für Klavier C-Dur (1821)
Opus 50 – Drei Klaviersonaten (1821)
Opus 50 Nr. 1 – Klaviersonate A-Dur (1821)
Opus 50 Nr. 2 – Klaviersonate d-Moll (1821)
Opus 50 Nr. 3 – Klaviersonate g-Moll „Didone abbandonata“ (1821)
WO 1 – Martirio de' gloriosi Santi Giuliano (Oratorium; 1764)
WO 2 – 21 Variationen über „The Black Joke“ für Klavier (1777)
WO 3 – Klaviersonate F-Dur (1790)
WO 4a – Zwei Canzonetten für Sopran und Klavier (1792)
WO 4b – Rondò per il Ceccarelli für (Kastraten-)Sopran und Klavier
WO 5 – Fünf Variationen über ein Menuett von Collick für Klavier
WO 6 – Sonate für Klavier, Flöte und Cello (1794)
WO 7 – Praktische Harmonielehre für Orgel (oder Klavier; 1801–1814)
WO 8 – Rondo für Klavier B-Dur (um 1802)
WO 9 – Melodies of Different Nations für Singstimme und Klavier
WO 10 – Variationen über die Arie „Batti, batti“ aus Mozarts Don Giovanni für Klavier (1820)
WO 11 – Canon ad Diapason für Klavier (1830)
WO 12 – Klavierkonzert C-Dur (1790)
WO 13 – Klaviersonate As-Dur (1765)
WO 14 – Klaviersonate G-Dur (1768)
WO 15 – Monferrina für Klavier C-Dur

WO 16 – Monferrina für Klavier F-Dur
WO 17 – Monferrina für Klavier Es-Dur
WO 18 – Monferrina für Klavier D-Dur
WO 19 – Monferrina für Klavier B-Dur
WO 20 – Monferrina für Klavier G-Dur
WO 21 – Tarantella für Klavier a-Moll
WO 22 – Allegro für Klavier Es-Dur
WO 23 – Finale für Klavier B-Dur
WO 24 – Duo für Klavier vierhändig C-Dur (um 1820)
WO 25 – Duo für Klavier vierhändig G-Dur (um 1820)
WO 26 – Duo für Klavier vierhändig C-Dur (um 1820)
WO 27 – Duo für Klavier vierhändig C-Dur (um 1820)
WO 28 – Duo für Klavier vierhändig C-Dur (um 1820)
WO 29 – Canone per Cherubini für zwei Violinen und Bratsche (um 1820)
WO 30 – Nonett für Flöte, Oboe, Klarinette, Fagott, Horn, Violine, Bratsche, Cello und Kontrabass Es-Dur (um 1820)
WO 31 – Arrangement von Mozarts Symphonie Nr. 40 g-Moll KV 550 für Klavier, Flöte, Violine und Cello
WO 32 – Symphonie Nr. 1 C-Dur (zwischen 1810 und 1830)
WO 33 – Symphonie Nr. 2 D-Dur (zwischen 1810 und 1830)
WO 34 – Symphonie Nr. 3 G-Dur „Große Nationale Symphonie“ (zwischen 1810 und 1830)
WO 35 – Symphonie Nr. 4 D-Dur (zwischen 1810 und 1830)
WO 36 – Konzertouvertüre C-Dur (zwischen 1810 und 1830)
WO 37 – Konzertouvertüre D-Dur (zwischen 1810 und 1830)
WO 38 – Minuetto pastorale für Orchester D-Dur (zwischen 1810 und 1830)

Personenregister

Verzeichnis der Abkürzungen

1) bzw. = beziehungsweise
2) CD(s) = Compact Disc(s)
3) Co. = Compagnie
4) Dr. = Doktor
5) etc. = et cetera
6) geb. = geboren
7) KV = Köchelverzeichnis
8) Nr. = Nummer
9) s. u. = siehe unter
10) UNESCO = United Nations Educational, Scientific and Cultural Organization
11) USA = United States of America
12) usw. = und so weiter
13) WO = Werk ohne Opuszahl